ADOLFO PÉREZ AGUSTÍ

CURACIÓN CON

ENZIMAS

Editorial Dilema
Madrid, 2025

© Adolfo Pérez Agustí
© MASTERS Desarrollo Integral de la Persona
© Editorial Dilema, 2025
Ibáñez Marín, 11 - 28019 MADRID
Teléfono: 91 472 9071 y 670367 479
info@editorialdilema.com
www.editorialdilema.com
I.S.B.N. 978-84-9827-706-7
Depósito legal: M-22550-2025

Diseño de colección: María Pérez Aguilera
mariap.aguilera@gmail.com
Diseño de portada: Esther Hernández
Foto de portada: Glucosa-6-fosfato deshidrogenasa
© Molekuul | Dreamstime.com
Maquetación: Carmen Alvear

La utilización empírica de preparaciones enzimáticas en la elaboración de alimentos es muy antigua. El cuajo, por ejemplo, se utiliza en la elaboración de quesos desde la prehistoria, mientras que las civilizaciones precolombinas ya utilizaban el zumo de la papaya. Sin embargo, hasta 1897 no quedó totalmente demostrado que los efectos asociados a ciertos materiales biológicos, como el cuajo o las levaduras, pudieran individualizarse en una estructura química definida, llamada enzima, aislable en principio del organismo vivo global. Desde hace unas décadas se dispone de enzimas relativamente puros y con una gran variedad de actividades susceptibles de utilizarse en la elaboración de alimentos y otras aplicaciones y terapias.

Los progresos que están realizando actualmente en ingeniería genética y biotecnología, permiten augurar un desarrollo cada vez mayor del uso de las enzimas, al disponer de un suministro continuo de materiales con la actividad deseada.

CAPÍTULO 1

¿Qué son?

Como propuso el químico sueco Jöns Jakob Berzelius en 1823, las enzimas son catalizadores típicos, esto es, una sustancia que altera la velocidad de una reacción química sin sufrir en sí ningún cambio químico. Las enzimas, que se encuentran entre los catalizadores más importantes, tienen una función esencial en los organismos vivos donde aceleran reacciones que de otra forma requerirían temperaturas que podrían destruir la mayoría de la materia orgánica. Son capaces de acelerar la velocidad de reacción sin ser consumidas en el proceso. También son cualquiera de las numerosas sustancias orgánicas especializadas compuestas por polímeros de aminoácidos, que actúan como catalizadores en el metabolismo de los seres vivos. Con su acción, regulan la velocidad de muchas reacciones químicas implicadas en este proceso. El nombre de enzima, que fue propuesto en 1867 por el fisiólogo alemán Wilhelm Kühne

(1837-1900), deriva de la frase griega *en zyme*, que significa 'en fermento'. En la actualidad los tipos de enzimas identificados son más de 700.

Una enzima pues, es una proteína que actúa como catalizador biológico acelerando las reacciones químicas. Las moléculas sobre las que actúan las enzimas se denominan sustratos, y la enzima convierte estos sustratos en diferentes moléculas conocidas como productos. Casi todos los procesos metabólicos celulares requieren catálisis enzimática para que se produzcan a un ritmo suficiente para mantener la vida y las vías metabólicas dependen de las enzimas para catalizar los pasos individuales.

El estudio de las enzimas se denomina enzimología, y el campo del análisis de pseudoenzimas reconoce que, durante la evolución, algunas enzimas han perdido la capacidad de realizar catálisis biológica, lo que a menudo se refleja en sus secuencias de aminoácidos y sus inusuales propiedades pseudocatalíticas.

Se sabe que las enzimas catalizan más de 5.000 tipos de reacciones bioquímicas y que otros biocatalizadores incluyen las moléculas catalíticas de ARN, también llamadas ribozimas. A veces se las describe como un tipo de enzima en lugar de como una enzima, pero incluso en las décadas transcurridas desde el descubrimiento de las ribozimas entre 1980 y 1982, el término «enzima» por sí solo suele referirse específicamente al tipo de proteína.

Como es un catalizador la enzima no se consume, acelerando la velocidad de reacción sin modificar la posición de equilibrio. Las propiedades que tienen las enzimas que las hacen efectivas como catalizadores son:

- Capaces de acelerar las reacciones en las condiciones suaves de la célula.
- Alto poder catalítico por su gran actividad molecular; aceleran las reacciones hasta 10^{17} veces. Esto es porque se une al sustrato en relación 1:1 y la reacción que ocurre en los confines de éste ve rebajada su energía de activación como consecuencia de esa unión.

Estos complejos proteicos grandes son capaces de acelerar una gran cantidad de reacciones químicas. Ello se debe a que en su estructura globular, se entrelazan y se pliegan una o más cadenas polipeptídicas, que aportan un pequeño grupo de aminoácidos para formar el sitio activo, o lugar donde se adhiere el sustrato, y donde se realiza la reacción. Podemos añadir que una enzima y un sustrato no llegan a adherirse si sus formas no encajan con exactitud.

CAPÍTULO 2

Factores que afectan la actividad enzimática

La actividad enzimática puede verse afectada por diversos factores, como temperatura, pH y concentración, y sabemos que las enzimas funcionan mejor dentro de rangos de temperatura y de pH específicos, y que bajo condiciones que no son las óptimas una enzima puede perder su capacidad de unirse a un sustrato.

Por ejemplo:

Temperatura: aumentar la temperatura generalmente acelera una reacción, y bajar la temperatura la hace más lenta. Sin embargo, temperaturas extremadamente altas (la ebullición) pueden causar que una enzima pierda su forma (se desnaturalice) y deje de trabajar, algo que ocurre cuando preparamos una infusión.

pH: cada enzima tiene un rango óptimo de pH. Cambiar el pH fuera de este rango hará más lenta la actividad de la enzima. Valores de pH extremos pueden causar la desnaturalización de la enzima.

Concentración de la enzima: aumentar la concentración de la enzima acelerará la reacción, siempre que se disponga de sustrato al cual unirse. Una vez que todo el sustrato esté adherido, la reacción deja de acelerarse, puesto que no hay algo a lo las enzimas adicionales se puedan unir.

Concentración del substrato: aumentar la concentración de sustrato también aumenta la velocidad de reacción hasta un cierto punto. Una vez que todas las enzimas se han adherido, cualquier aumento de sustrato no tendrá efecto alguno en la velocidad de reacción, ya que las enzimas disponibles estarán saturadas y trabajando a su máxima capacidad.

Naturaleza proteica de las enzimas

La naturaleza del enzima es proteica, es decir está formada por aminoácidos unidos por enlaces peptídicos y las holoenzimas están compuestas por un cofactor (parte no proteica) y una apoenzima (parte proteica).

Los **cofactores** se unen de forma reversible a la apoenzima y pueden ser:

- Cationes metálicos
- Coenzimas.

Se trata de moléculas orgánicas complejas que se asocian a la parte proteica, por ejemplo el NAD, FAD, NADP. Las vitaminas también pueden actuar como coenzimas.

CAPÍTULO 3

Clases de enzimas

Las enzimas se clasifican en varias categorías: hidrolíticas, oxidantes y reductoras, dependiendo del tipo de reacción que controlen. Las enzimas hidrolíticas aceleran las reacciones en las que una sustancia se rompe en componentes más simples por reacción con moléculas de agua. Las enzimas oxidativas, conocidas como oxidasas, aceleran las reacciones de oxidación, y las reductoras las reacciones de reducción en las que se libera oxígeno. Otras enzimas catalizan otros tipos de reacciones.

Más concretamente:

1. **Oxidorreductasas:** reacciones de óxido-reducción. Deshidrogenasas, oxidasas.
2. **Transferasas:** transferencia de iones, radicales y grupos químicos. Kinasas, aminotransferasas.

3. **Hidrolasas:** ruptura hidrolítica de enlaces. Peptidasas, fosfatasas.

4. **Liasas:** ruptura de enlaces no hidrolítica. Carboxilasas y decarboxilasas.

5. **Isomerasas:** reacciones de isomerización. Mutasas, racemasas.

6. **Ligasas:** formación de un compuesto proteico.

Las enzimas se denominan añadiendo 'asa' al nombre del sustrato con el cual reaccionan. La enzima que controla la descomposición de la urea recibe el nombre de ureasa; aquellas que controlan la hidrólisis de proteínas se denominan proteasas.

Algunas enzimas como las proteasas tripsina y pepsina, conservan los nombres utilizados antes de que se adoptara esta nomenclatura.

Las enzimas son piezas esenciales en el funcionamiento de todos los organismos vivos, actuando como catalizadores de las reacciones de síntesis y degradación que tienen lugar en ellos. La utilización de enzimas en los alimentos presenta una serie de ventajas, además de las de índole económica o tecnológica. La gran especificidad de acción que tienen las enzimas hace que no se produzcan reacciones laterales imprevistas. Así mismo se puede trabajar en condiciones moderadas, especialmente de temperatura, lo que evita alteraciones de los componentes más lábiles del alimento.

Desde el punto de vista de la salud, puede considerarse que las acciones enzimáticas son, en último extremo, naturales. Además las enzimas pueden inactivarse fácilmente cuando se considere que ya han realizado su misión, quedando entonces asimiladas al resto de las proteínas presentes en el alimento. Para garantizar la seguridad de su uso deben tenerse en cuenta, no obstante, algunas consideraciones: en aquellas enzimas que sean producidas por microorganismos, estos no deben ser patógenos ni sintetizar a la vez toxinas, antibióticos, etc. Los microrganismos ideales son aquellos que tienen ya una larga tradición de uso en los alimentos (levaduras de la industria cervecera, fermentos lácticos, etc.). Además, tanto los materiales de partida como el procesado y conservación del producto final, deben ser acordes con las prácticas habituales de la industria alimentaria por lo que respecta a pureza, ausencia de contaminantes, higiene, etc.

En los últimos años, la investigación sobre la química enzimática ha permitido aclarar algunas de las funciones vitales más básicas. La ribonucleasa, una enzima tridimensional simple descubierta en 1938 por el bacteriólogo estadounidense René Jules Dubos y aislada en 1946 por el químico estadounidense Moses Kunitz, fue sintetizada por científicos estadounidenses en 1969. La síntesis consistió en unir 124 moléculas de aminoácidos en una secuencia muy específica para formar la macromolécula. Dicha síntesis permitió identificar aquellas áreas de la molécula que son responsables de sus funciones químicas, e hizo posible crear enzimas especializadas con propiedades de las que carecen las sustancias naturales. Este potencial se ha visto ampliado durante los últimos años por las técnicas de ingeniería genética que han hecho posible la producción de algunas enzimas en grandes cantidades.

El uso médico de las enzimas está ilustrado por la investigación sobre la **L-asparaginasa,** que se piensa es una herramienta importante para el tratamiento de la leucemia; se ha descubierto que las **dextrinasas** pueden prevenir la caída de los dientes, y que las alteraciones enzimáticas están ligadas a enfermedades como la fenilcetonuria, la diabetes, la anemia y otros trastornos sanguíneos.

Las enzimas utilizados dependen de la industria y del tipo de acción que se desee obtener, siendo éste un campo en franca expansión. A continuación se mencionan solamente algunos ejemplos:

En farmacia:

Las enzimas se han utilizado como fármacos terapéuticos para diversas patologías.

Los avances en biotecnología e ingeniería de proteínas han arrojado luz sobre el estudio del potencial de las enzimas como herramientas terapéuticas y sobre las vías metabólicas implicadas en diferentes enfermedades. Como resultado, las enzimas recombinantes han surgido como nuevos tratamientos para muchas enfermedades, como anomalías genéticas (LSD, FQ, etc.) y cáncer, entre otras aplicaciones médicas.

Para convertirse en fármacos de uso generalizado, las terapias enzimáticas deben superar la rápida depuración enzimática in vivo, las interacciones indeseadas con enzimas no diana y la respuesta inmunitaria del paciente. La encapsulación y las modificaciones moleculares de enzimas, junto con la monitorización activa de la respuesta inmunitaria, son las técnicas de mejora terapéutica más destacadas abordadas hasta la fecha.

Una de las maneras más sencillas de prevenir interacciones indeseadas con enzimas no diana es aplicar directamente el fármaco enzimático en el tejido diana. En este contexto, se ha aplicado **uroquinasa** mediante catéter para lisar coágulos intraluminales, y se ha administrado **desoxirribonucleasa** mediante colirio en pacientes con ojo seco. Sin embargo, se están desarrollando diferentes enfoques para superar las desventajas detalladas, como la encapsulación y modificación de enzimas, así como la monitorización de la respuesta inmunitaria de los pacientes.

Industrias lácteas

Como ya sabemos, el cuajo del estómago de los rumiantes es un producto clásico en la elaboración de quesos, y su empleo está ya citado en la Iliada y en la Odisea.

Sin embargo, el cuajo se obtuvo como preparación enzimática relativamente pura sólo desde 1879. Está formado por la mezcla de dos enzimas digestivas (**quimosina** y **pepsina**) y se obtiene del cuajar de las terneras jóvenes. Estas enzimas rompen la caseína de la leche y producen su coagulación. Desde los años sesenta se utilizan también otras enzimas con una acción semejante obtenidas a partir de microorganismos o de vegetales. Actualmente empieza a ser importante también la **lactasa**, un enzima que rompe la lactosa, que es el azúcar de la leche. Muchas personas no pueden digerir este azúcar, por lo que la leche les causa trastornos intestinales. Ya se comercializa leche a la que se le ha añadido la enzima para eliminar la lactosa.

Panadería

En panadería se utiliza la **lipoxidasa**, simultáneamente como blanqueante de la harina y para mejorar su comportamiento en el amasado. La forma en la que se añade es usualmente como harina de soja o de otras leguminosas, que la contienen en abundancia. Para facilitar la acción de la levadura, se añade **amilasa**, normalmente en forma de harina de malta, aunque en algunos países se utilizan enzimas procedentes de mohos, ya que la adición de malta altera algo el color del pan. La utilización de agentes químicos para el blanqueado de la harina está prohibida en España.

A veces se utilizan también **proteasas** para romper la estructura del gluten y mejorar la plasticidad de la masa. Este tratamiento es importante en la fabricación de bizcochos.

Cervecería

A principios del siglo XX (1911) se patentó la utilización de la **papaína** para fragmentar las proteínas presentes en la cerveza y evitar que ésta se enturbie durante el almacenamiento o la refrigeración, método que todavía se sigue utilizando. Esta enzima se obtiene de la papaya. Una enzima semejante, la **bromelaína**, se obtiene de la piña tropical.

Un proceso fundamental de la fabricación de la cerveza, la rotura del almidón para formar azúcares sencillos que luego serán fermentados por las levaduras, lo realizan las amilasas presentes en la malta, que pueden añadirse procedentes de fuentes externas, aunque lo usual es lo contrario, que la actividad propia de la malta permita transformar aun más almidón del que contiene. Cuando esto es así, las industrias cerveceras añaden almidón de patata o de arroz para aprovechar al máximo la actividad enzimática.

Fabricación de zumos

A veces la pulpa de las frutas hace que los zumos sean turbios y demasiado viscosos, produciéndose también ocasionalmente problemas en la extracción y en su eventual concentración. Esto es debido a la presencia de pectinas que pueden destruirse por la acción de enzimas presentes en el propio zumo o bien por enzimas añadidas obtenidas de fuentes externas. Esta destrucción requiere la actuación de varias enzimas distintas, una de los cuales produce metanol, que es tóxico, aunque la cantidad producida no llegue a ser preocupante para la salud.

Fabricación de glucosa y fructosa a partir del maíz

Una industria en franca expansión es la obtención de jarabes de glucosa o fructosa a partir de almidón de maíz. Estos jarabes se utilizan en la elaboración de bebidas refrescantes, conservas de frutas, repostería, etc., en lugar de azúcar de caña o de remolacha. La forma antigua de obtener estos jarabes, por hidrólisis del almidón con un ácido, ha sido prácticamente desplazada en los últimos 15 años por la hidrólisis enzimática, que permite obtener un jarabe de glucosa de mucha mayor calidad y a un costo muy competitivo. De hecho, la CE ha limitado severamente la producción de estos jarabes para evitar el hundimiento de la industria azucarera clásica. Las enzimas utilizadas son las **alfa-amilasas** y las amiloglucosidasas. La glucosa formada puede transformarse luego en fructosa, otro azúcar más dulce, utilizando la enzima glucosa-isomerasa, usualmente inmovilizada en un soporte sólido.

Otras aplicaciones

Las enzimas se utilizan en la industria alimentaria de muchas otras formas, en aplicaciones menos importantes que las citadas anteriormente. Por ejemplo, en la fabricación de productos derivados de huevos, las trazas de glucosa presentes, que podrían oscurecerlos, se eliminan con la acción combinada de dos enzimas, la glucosa-oxidasa y la **catalasa**.

Por otra parte, la **papaína** y **bromelaína**, enzimas que rompen las proteínas, se pueden utilizar fundamentalmente durante el cocinado doméstico, para ablandar la carne. Algunas enzimas, como la lactoperoxidasa, podrían utilizarse en la conservación de productos lácteos.

En cuanto a sus aplicaciones en medicina natural, se recomiendan ampliamente en casos de alteraciones digestivas diversas (hepatopatía, insuficiencia biliar y pancreática, meteorismo, estreñimiento...), así como en problemas de obesidad y celulitis, entre otras muchas aplicaciones. También, como eficaces antioxidantes.

CAPÍTULO 4

Utilidad médica

La alta aplicabilidad de las enzimas para el tratamiento de diversas afecciones, así como los avances
para superar sus problemas asociados, han llevado a un
aumento constante en el uso de estos tratamientos, que
será aún mayor en el futuro. Se están desarrollando
estrategias biotecnológicas innovadoras para resolver
las desventajas de los fármacos enzimáticos; se están
estudiando las nanopartículas (NP) como vehículos,
así como los virosomas, los liposomas y los eritrocitos.
Además, se están realizando modificaciones moleculares para mejorar las características de las enzimas; se están estudiando conjugaciones con biomoléculas como
anticuerpos, ADN o metabolitos Al mismo tiempo, se
están estudiando nuevos enfoques para las aplicaciones

de la terapia enzimática en el cáncer, enfermedades neurodegenerativas, problemas articulares, inflamación e infecciones.

En conclusión, la terapia enzimática es una estrategia emergente para el tratamiento de una amplia gama de patologías, como trastornos metabólicos, fibrosis, cáncer, e infecciones por SARS-CoV-2, entre otras. Sin embargo, la corta vida media funcional in vivo de las enzimas terapéuticas, debido a su exposición a mecanismos de degradación endógenos, efectos adversos indeseados y toxicidad, baja especificidad tisular, así como la activación de la respuesta inmunitaria, debe mejorarse para desarrollar su potencial terapéutico.

Gracias a los avances en el campo de la biotecnología, estas limitaciones se están superando.

Encapsulación de enzimas

Las técnicas de encapsulación enzimática, como liposomas, vesículas de membrana, nanopartículas y eritrocitos, mejoran la vida media in vivo, la especificidad tisular y reducen la inmunogenicidad de las enzimas.

La encapsulación de enzimas se ha empleado para transportar la carga enzimática con mayor precisión, mejorando la especificidad del objetivo y reduciendo la inmunogenicidad y el aclaramiento. En consecuencia, se han logrado reducciones significativas en los niveles de dosis, las interacciones fuera del objetivo y la toxicidad.

Algunos ejemplos de vehículos de encapsulación son las nanopartículas (NP), los virosomas, los liposomas, las vesículas extracelulares (VE) y los eritrocitos. Por un lado, las nanopartículas, tanto biológicas (generalmente basadas en lípidos) como inorgánicas (nanopartículas de sílice, oro, óxido de hierro, etc.), son andamios multifuncionales con propiedades que potencian su función como vehículos de administración. Las NP aprovechan sus propiedades estructurales, químicas, mecánicas, magnéticas, eléctricas y biológicas que permiten una liberación precisa y controlada de fármacos. Por ejemplo, las NP que contienen piruvato deshidrogenasa se están estudiando como terapia para infecciones asociadas a biopelículas de Pseudomonas aeruginosa.

Un tipo interesante de NP son las nanopartículas derivadas de bóvedas, complejos de partículas de ribonucleoproteína intracelular humana de origen natural, que forman grandes nanocápsulas huecas con forma de barril. Por ejemplo, la peroxidasa de manganeso se está estudiando para la biodegradación de contaminantes orgánicos. Las enzimas pueden encapsularse dentro de estas estructuras, lo que mejora su estabilidad y, al combinarse con moléculas diana como los anticuerpos monoclonales, pueden administrarse eficazmente a la región deseada.

Las tecnologías de modificación enzimática dirigida, como la conjugación con PEG, también mejoran la biodisponibilidad funcional y reducen la inmunogenicidad. Por último, la monitorización de la respuesta inmunitaria de los pacientes puede mejorar significativamente su manejo para preservar la eficacia y la seguridad del tratamiento.

CAPÍTULO 5

Enzimoterapia

Consiste en la utilización de diferentes enzimas, o frecuentemente los elementos que promueven su puesta en acción, solas o en grupos, en el tratamiento de las enfermedades. Puesto que conocemos que la base de la vida y de las funciones se construyen sobre las reacciones bioquímicas, la aplicación de un catalizador que intervenga en una reacción orgánica, tanto fuera como dentro de la célula, facilitará o posibilitará esas reacciones de transformación; por tanto, van a hacer posible la vida activando las reacciones y las transformaciones bioquímicas que suponen las funciones.

En resumen: las enzimas son necesarias para mantener la vida y el estado de salud, y aunque actúan en cantidades muy pequeñas, no intervienen directamente en la reacción.

Otras sustancias orgánicas, como algunas vitaminas o algunos minerales u oligoelementos, son necesarias para la formación de ciertas enzimas; tienen acción de coenzima. Así, entre muchas otras, la vitamina B1, la B12, la vitamina C, el selenio, el hierro, el manganeso... Sólo el zinc interviene en la formación de más de 80 enzimas que se conozca. Las enzimas no se desgastan en su acción, aunque se van regenerando, las coenzimas se consumen, por lo que han de reponerse.

En la práctica médica se ha venido preconizando el uso de algunas enzimas por su acción mucolítica, como antiinflamatorios o en la mejor evolución en heridas o traumatismos.

Además, conociendo la función específica de las coenzimas se puede actuar sobre ella, como sucede aplicando cumarínicos, que al entrar en competencia con la vitamina K (coenzima) actúa sobre la coagulación sanguínea manteniéndola fluida. Pero ese no es un caso excepcional: antibióticos, corticoides o la misma aspirina actúan al bloquear algún tipo de enzima, en el caso de la aspirina una ciclo-oxigenasa que actúa sobre la inflamación.

Pero a menudo los bloqueos tóxicos de las enzimas pueden desencadenar efectos funcionales no deseables y de alcance desconocido. Además el déficit o bloqueo de enzimas ocasiona la imposibilidad de la función de limpieza y eliminación de toxinas, pues son necesarias las enzimas específicas para su eliminación.

Su uso en Medicina Natural se fundamenta en el desbloqueo, estímulo y regulación de algunas reacciones y sus funciones correspondientes, reiniciando o modulando la defensa natural del organismo.

Clasificación de las enzimas

1. Óxido-reductasas (Reacciones de oxido-reducción).
2. Transferasas (Transferencia de grupos funcionales)
3. Hidrolasas (Reacciones de hidrólisis)
4. Liasas (Adición a los dobles enlaces)
5. Isomerasas (Reacciones de isomerización)
6. Ligasas (Formación de enlaces, con aporte de ATP)

1. Oxido-reductasas

Son las enzimas relacionadas con las oxidaciones y las reducciones biológicas que intervienen de modo fundamental en los procesos de respiración y fermentación. Las oxidoreductasas son importantes a nivel de algunas cadenas metabólicas, como la escisión enzimática de la glucosa, fabricando también el ATP, verdadero almacén de energía. Extrayendo dos átomos de hidrógeno, catalizan las oxidaciones de muchas moléculas orgánicas presentes en el protoplasma; los átomos de hidrógeno tomados del sustrato son cedidos a algún captor.

En esta clase se encuentran las siguientes subclases principales: Deshidrogenasas y oxidasas. Son más de un centenar de enzimas en cuyos sistemas actúan como donadores, alcoholes, oxácidos aldehidos, cetonas, aminoácidos, $DPNH_2$ $TPNH_2$, y muchos otros compuestos y, como receptores, las propias coenzimas DPN y TPN, citocromos, O_2, etc.

2. Las transferasas

Estas enzimas catalizan la transferencia de una parte de la molécula (dadora) a otra (aceptora). Su clasificación se basa en la naturaleza química del sustrato atacado y en la del aceptor. También este grupo de enzimas actúan sobre los sustratos mas diversos, transfiriendo grupos metilo, aldehído, glucosilo, amina, sulfató, sulfúrico, etc.

3. Las hidrolasas

Esta clase de enzimas actúan normalmente sobre las grandes moléculas del protoplasma, como son la de glicógeno, las grasas y las proteínas. La acción catalítica se expresa en la escisión de los enlaces entre átomos de carbono y nitrógeno (C-Ni) o carbono oxígeno (C-O).

Simultáneamente se obtiene la hidrólisis (reacción de un compuesto con el agua) de una molécula de agua. El hidrógeno y el oxidrilo resultantes de la hidrólisis se unen respectivamente a las dos moléculas obtenidas por la ruptura de los mencionados enlaces.

La clasificación de estas enzimas se realiza en función del tipo de enlace químico sobre el que actúan.

A este grupo pertenecen proteínas muy conocidas: la pepsina, presente en el jugo gástrico, y la tripsina y la quimiotripsina, segregada por el páncreas. Desempeñan un papel esencial en los procesos digestivos, puesto que hidrolizan enlaces pépticos, estéricos y glucosídicos.

4. Las isomerasas

Transforman ciertas sustancias en otras isómeras, es decir, de idéntica formula empírica pero con distinto desarrollo. Son las enzimas que catalizan diversos tipos de isomerización, sea óptica, geométrica, funcional, de posición, etc.

Se dividen en varias subclases:

Las **racemasas** y las **epimerasas** actúan en la racemización de los aminoácidos y en la epimerización de los azúcares. Las primeras son en realidad pares de enzimas específicas para los dos isómeros y que producen un solo producto común.

Las transferasas intramoleculares (o mutasas) pueden facilitar el traspaso de grupos acilo, o fosforilo de una parte a otra de la molécula, como la lisolecitina acil mutasa que transforma la 2-lisolecitina en 3-isolecitina, etc. Algunas isomerasa actúan realizando inversiones muy complejas, como transformar compuestos aldehídos en compuestos cetona, o viceversa.

Estas ultimas desarrollan una oxidorreducción dentro de la propia molécula (oxido reductasa intramoleculares) sobre la que actúan, quitando hidrógeno, a algunos grupos y reduciendo otros; actúan ampliamente sobre los aminoácidos, los hidroxácidos, hidratos de carbono y sus derivados.

5. Las liasas

Estas enzimas escinden (raramente construyen) enlaces entre átomos de carbono, o bien entre carbono y oxigeno, carbono y nitrógeno, y carbono y azufre. Los grupos separados de las moléculas que de sustrato son casi el agua, el anhídrido carbónico, y el amoniaco. Algunas liasa actúan sobre compuestos orgánicos fosforados muy tóxicos, escindiéndolos; otros separan el carbono de numerosos sustratos.

6. Las ligasas

Es un grupo de enzimas que permite la unión de dos moléculas, lo cual sucede simultáneamente a la degradación del ATP, que, en rigor, libera la energía necesaria para llevar a cabo la unión de las primeras. Se trata de un grupo de enzimas muy importantes y recién conocidas.

En la fabricación de fármacos

Virosomas

En biología, un virosoma es una partícula artificial, fabricada in vitro. Está formada por una vesícula esférica delimitada por una membrana compuesta de una doble capa de fosfolípidos a la que se incorporan proteínas virales. Se producen basándose en algunas características de los virus para mejorar la administración de fármacos durante los tratamientos enzimáticos. Los virosomas, al igual que los virus, se unen al citosol de tipos celulares específicos y entran en él. Su principal limitación es la respuesta inmunitaria del paciente tras la exposición a los virosomas. Hasta ahora, no se han utilizado para la administración de enzimas, pero tienen un potencial interesante como vehículos que se ha demostrado para la administración de fármacos contra el cáncer, la administración de antígenos y la administración de adyuvantes para vacunas.

Liposomas

Es una vesícula esférica (pequeña burbuja) con una membrana compuesta de una doble capa de fosfolípidos, que constan de partes hidrosolubles y liposolubles. Estas vesículas lipídicas con una o más bicapas, se utilizan ampliamente como plataformas de administración debido a su capacidad para entrar en el citoplasma. Por ejemplo, se están estudiando para lograr niveles restaurados de actividad enzimática en los fibroblastos de los pacientes.

Eritrocitos

Se están utilizando como sistemas de administración de fármacos gracias a su baja inmunogenicidad, el largo tiempo de circulación in vivo y la protección ofrecida por la membrana, permitiendo que la enzima permanezca activa. Las enzimas se pueden acoplar a la membrana del eritrocito. Numerosas publicaciones han revisado los usos actuales de los eritrocitos como vehículos de administración de enzimas siguiendo esta estrategia. Por ejemplo, la asparaginasa (eriaspasa) que contiene eritrocitos muestra un potencial prometedor.

CAPÍTULO

Enzimas y coenzimas de uso más frecuente

Son coenzimas las siguientes vitaminas:

Vitamina B-1
Aneurina, Tiamina

Sus funciones bioquímicas exigen su conversión en pirofosfato de tiamina (TPP), molécula que sirve de coenzima en varias reacciones metabólicas. Este compuesto, que contiene nitrógeno y azufre, es soluble en agua y se presenta en forma de cristales blancos. Es estable a la luz, al medio ácido y resiste la cocción siempre que no sea en un medio alcalino.

Sintetizada por las bacterias del tracto intestinal de la mayoría de los mamíferos, aunque muy dependiente de la dieta, es absorbida muy rápidamente por el intestino delgado y se transforma mediante fosforilación en su coenzima activo, el pirofosfato de tiamina o cocarboxilasa.

Esta reacción tiene lugar especialmente en las células hepáticas y los riñones, recibiendo los corpúsculos sanguíneos una pequeña cantidad, otra fracción algo menor de vitamina libre se queda en el plasma, mientras que los leucocitos reciben cantidades más altas. En cambio, aunque la mayoría de las células contienen vitamina el organismo no puede almacenarla, salvo en mínimas cantidades en hígado y riñones, y debe aportarse de manera continuada en la dieta, ya que todo exceso es eliminado por la orina y la sudoración.

La vitamina B-1 puede descomponerse en el organismo y sus metabolitos eliminados por la orina, existiendo, además, un antagonista, la tiaminasa, presente en ciertos peces, que destruye la vitamina, originando carencias si se come el pescado crudo. Del mismo modo ciertas bacterias como el bacillus tiaminolíticus también la destruye y esa es la causa, unida a la ingestión de pescado crudo, de que una gran cantidad de japoneses tengan todavía carencias.

Propiedades

• Es un factor importante en el metabolismo de los hidratos de carbono y su carencia provoca aumento de piruvatos y lactatos en la sangre, aunque no es seguro que su deficiencia provoque trastornos en la producción de acetilcolina.

- Regula las cifras de glucemia favoreciendo el depósito de glucógeno en el hígado y controla el metabolismo del ácido láctico en sangre.
- Interviene en el ciclo de Kreps.
- Es un moderador de la actividad de las glándulas endocrinas, especialmente del tiroides y el páncreas.
- Interviene en la transmisión de los impulsos nerviosos.
- Regula el peristaltismo intestinal.
- Su coenzima hace que la glucosa pueda degradarse en gas carbónico y agua, y proporcionar energía.
- Mantiene las funciones intelectuales en buen estado, especialmente la capacidad retentiva, quizá por su acción sobre la acetilcolina.

Procedencia

La encontramos en abundancia en la levadura de cerveza y el germen de trigo unida al resto de las vitaminas del grupo B, lo que hace de estos alimentos una fuente idónea para cubrir carencias.

La levadura de cerveza, además, mantiene la flora intestinal en buen estado y favorece con ello la absorción y metabolización de la vitamina.

Otras fuentes son: la harina de trigo entera (0,5 mg/100 gr), el arroz entero (0,5 mg/100 gr), el salvado de arroz (2,3 mg/100 gr), la carne de vaca 0,6 mg/100 gr), las aves (0,1 mg/100 gr), los guisantes (0,36 mg/100 gr), las patatas 0,1 mg/100 gr) y la leche de vaca 0,045 mg/100 gr).

La cantidad mínima diaria que se necesita oscila entre los 2 gramos en las personas muy activas, pasando por 1 gramo en las embarazadas y apenas medio gramo en los niños pequeños. Estas cifras pueden verse aumentadas en los meses de verano por la gran sudoración, en casos de diuresis aumentada, durante la toma de antibióticos, en presencia de alcohol o si tomamos medicamentos alcalinos que dificulten su absorción.

Aplicaciones
Beri beri:
Del beri-beri se conocen tres tipos: el seco, el húmedo y el cerebral. La patología del seco se centra en flaccidez de muñecas, pies y piernas; el húmedo en la formación de grandes edemas en las extremidades inferiores, mientras que el cerebral se caracteriza por las fuertes alteraciones neurológicas.

Los comienzos sintomáticos en el niño son graves y se perciben por anorexia, distensión abdominal, debilidad, dolores cólicos acompañados por vómitos, estreñimiento y disminución de orina. Esto provoca de inmediato un edema generalizado con aumento de peso, lo que puede hacer creer que el niño está sano.

Después aparece taquicardia, aumento de la frecuencia respiratoria, disnea, aumento del tamaño del corazón y síntomas de fallecimiento cardíaco.

En el adulto los síntomas no son muy diferentes y hay también anorexia, vómitos y dificultad en la absorción de los alimentos, lo que conlleva a un deterioro rápido en la salud del enfermo. Después aparece fatiga intensa, pérdida de peso, dolores en los nervios periféricos, taquicardia, palpitaciones y disnea.

En ambos es normal encontrar edema, debilidad intermitente de los músculos de la pantorrilla, piel anestesiada en los lugares del edema con acorchamiento, agotamiento muscular que llega a impedir ponerse en pie, adormecimiento de manos y pies, parálisis local, aumento del tamaño del corazón y fallo circulatorio.

Estudios más profundos sobre la carencia seria de vitamina B-1 nos hablan de una degeneración de la vaina medular a todos los niveles, lesiones de poliencefalitis hemorrágica cerebral, corazón dilatado y aumentado, fibras musculares hinchadas, fragmentadas y vascularizadas, derrames serosos a causa del edema e insuficiencia cardiaca congestiva.

Otras enfermedades semi-carenciales

Neuralgias: en especial las del trigémino, aunque siempre por vía oral, ya que las formas inyectadas pueden irritar el nervio ciático.

Afecciones gastroentéricas: con mayor razón cuando existan hemorragias y diarreas repetidas. También en presencia de vómitos, hipercloridia y gases.

Alimentación inadecuada: exceso de hidratos de carbono refinados, harinas o dulces.

Cirrosis hepática: y sus consecuencias, tales como anorexia, dispepsias, etc.

Afecciones cardiovasculares: taquicardia, palpitaciones, disnea, adormecimientos, pinchazos.

Deliriums tremens: cualquiera que sea la causa que la produjo, especialmente si hay alcoholismo crónico.

Infecciones: asociada a los tratamientos habituales.

Diabetes: como coadyuvante en los comas hipoglucémicos y para mejorar el metabolismo de la glucosa.

Anorexia: cualquiera que sea la causa que la produjo, tales como atonía gástrica, pérdida de fuerza, depresión nerviosa, insuficiencia circulatoria, insuficiencia suprarrenal o fiebre.

Infarto de miocardio: como estimulante de la circulación coronaria. En las cardiopatías de los hipertensos y embarazadas.

Aplicaciones no carenciales

Acrodinia infantil.

En el íleo (parálisis intestinal) postoperatorio, con el fin de estimular la motilidad intestinal anulada por la anestesia.

En el estreñimiento atónico.

En las parálisis pos-infecciosas.

En todos los casos de intoxicación etílica, medicamentosa o profesional.

En los deportistas para disminuir los tiempos de recuperación, la fatiga muscular y las agujetas, especialmente si toman suplementos de glucosa.

En los diabéticos, hipotensos y arterioscleróticos.

En todos los casos de reumatismo, neuralgias y neuritis.

Durante el tratamiento con antibióticos.

En la insuficiencia de desarrollo infantil.

En las amenorreas primarias o premenopáusicas.

En las neurosis y depresiones, especialmente veraniegas.

En la gota y el bocio endémico.

Durante la lactancia.

En casos de insomnio rebelde.

Advertencia: Dosis altas y prolongadas en niños provocan débil resistencia a la poliomielitis.

Vitamina B-2
Riboflavina

Esta vitamina es componente de dos coenzimas relacionadas con el transporte de los electrones en la cadena respiratoria. Además participa en la cadena que transporta hidrógenos y electrones.

Este derivado de la isoaloxacina, cuyo sinónimo lactoflavina hace referencia a que se encuentra en la leche de mamíferos, se presenta en cristales amarillo anaranjados que se funden solamente a partir de los 280°, siendo totalmente estable a temperaturas inferiores y no afectándole el oxígeno ambiental.

Ligeramente soluble en agua, posee un alto poder para colorear el medio en el cual se disuelve, llegando incluso a ser utilizado como colorante alimentario o para pinturas. Aunque estable en soluciones ácidas, le afectan los álcalis y los rayos ultravioletas.

Se combina con los tejidos en forma de éster de ácido fosfórico para formar dos coenzimas, los cuales a su vez entrarán a formar parte de otros grupos enzimáticos que participan en el transporte del hidrógeno. Esta propiedad hace que sea un elemento esencial en la producción de energía que luego es almacenada como ATP.

Unido al ácido fosfórico, se combina en el organismo con varias proteínas para formar sistemas enzimáticos específicos y aunque el constituyente esencial es el mismo en cada enzima, son los aminoácidos los que determinan al final la función del enzima.

Propiedades

Favorece las acciones de oxido reducción y obra en sinergia con las vitaminas B-1 y PP, además de favorecer la absorción del magnesio y la elaboración de las hormonas tiroideas.

Influye en la absorción intestinal de los hidratos de carbono y de las grasas e interviene junto a la vitamina

A en la formación de la púrpura retiniana y con la PP para prevenir y curar la Pelagra y sus secuelas.

Aunque administrada aisladamente parece que apenas tiene alguna misión útil, su presencia en los alimentos es vital, además, para estimular la síntesis de los aminoácidos, para metabolizar las grasas e impedir su depósito en el tejido adiposo.

Interviene en el metabolismo de las hormonas de la glándula suprarrenal, en la elaboración de la insulina, es un factor de crecimiento esencial en los niños y ayuda a regenerar los tejidos gastados en sobreesfuerzos musculares.

Una alimentación alcalina o el tomar suplementos alcalinos para combatir la acidez pueden desencadenar una carencia de esta vitamina.

La vitamina B-2 se fosforila en la mucosa intestinal durante su proceso de absorción y se almacena posteriormente en el hígado, los riñones, el bazo y el corazón, manteniéndose estos depósitos incluso aunque falte en la dieta. Se elimina por orina, coloreándola fuertemente, y su eliminación es apenas de un 12%, incluso en abundancia de sudor.

Las bacterias intestinales pueden sintetizarla, aunque en tan pequeña proporción que no puede cubrir las necesidades humanas, estando estos requerimientos en función del esfuerzo físico realizado.

Las necesidades del hombre oscilan entre los 0,6 mg/día de los recién nacidos, hasta los 2,5 mg/día de los jóvenes y las lactantes. En el embarazo se necesitan 2,0 mg/día y los hombres sedentarios 1,8 mg/día.

La vitamina B-2 presente en la leche se puede destruir hasta un 60% en menos de una hora si la exponemos al sol e incluso la que está presente en la levadura de cerveza y el germen de trigo comercializado desaparece en su mayor parte a causa del deshidrato y esterilización a que son sometidos para su conservación

Procedencia

La podemos encontrar en la levadura de cerveza líquida o poco procesada, en el salvado de trigo y el germen, en la cascarilla del arroz integral, en las semillas de alfalfa, especialmente si están ya germinadas y en la mayoría de las hortalizas verdes. También en la carne y pescado no congelado ni procesado, en el hígado de mamífero, en los huevos y alimentos lácteos, en las frutas y en pequeña proporción en la cerveza y el té. La harina de trigo entero contiene 0,2 mg/100 gr, mientras que la blanca apenas 0,04 mg, el pan integral 0,09 mg/100 gr y el blanco 0,07; el arroz integral 0,09 mg/100 gr y el refinado 0,03 mg; las espinacas 0,2 mg/100 gr, las alubias 0,18 mg/100 gr y los huevos 0,4 mg/100 gr.

Aplicaciones

Los primeros síntomas se localizan con lesiones en la comisura de los labios (boqueras), con fuerte ardor y sensibilidad al roce, lo que dificulta abrir la boca para comer, trastorno al que hay que añadir la estomatitis, las fisuras en la lengua y la pérdida del sentido del gusto. Las lesiones de los labios comienzan con palidez y sequedad, con un fuerte color rojo. Después hay ulceraciones y fisuras que se extienden hacia fuera, agrandándose en ese momento la lengua. Si en ese estado se declara una infección por Cándida albicans las lesiones se tornan de color blanco grisáceo y la lengua de color púrpura.

Las lesiones cutáneas abarcan también el pliegue nasolabial, el cual se torna escamoso y grasiento. Después continúa la enfermedad hasta las orejas, los párpados, el escroto y los labios mayores de la vulva. Estas zonas aparecen entonces enrojecidas, grasientas y con descamación, dando lugar a lo que se llama piel de tiburón.

Aunque no siempre la carencia de vitamina se puede extender al ojo, con frecuencia se vasculariza la córnea y se produce queratitis, lagrimeo y fuerte fotofobia. Hay trastornos diversos de acomodación en ambos ojos y puede desarrollarse cierta opacidad de la córnea que puede inducir a error de diagnóstico. En los casos avanzados la vascularización de la córnea, al ser invadida por la sangre, produce ceguera.

Si se trata de un niño el crecimiento se detiene, existe enfermedad celíaca, diarreas y pérdida de fuerzas a causa no solamente de la poca producción de ATP, sino a la atrofia muscular consecuente, especialmente en los músculos largos de las piernas.

Otros investigadores creen que su carencia produce, además, psoriasis, alergias, asma, reumatismo, diabetes, herpes, jaquecas y calambres musculares.

Otras aplicaciones no carenciales

Trastornos cutáneos que cursen con descamación y costras.

Fotofobia, incluso la dependiente de la vitamina A.

Pelagra y sus síndromes, en unión a la vitamina PP.

Hipertiroidismo.

Cataratas, queratitis y orzuelos.

Anemia perniciosa.

Intoxicaciones por ácido cianhídrico y óxido de carbono.

Insuficiencia suprarrenal, esprúe tropical, choque anafiláctico y asma bronquial.

Miocarditis e insuficiencia cardiaca.

Afecciones neurológicas, temblores y cambios en el humor.

Procesos inflamatorios, reumatismo articular y atrofia muscular.

Caspa, alopecia y exceso de grasa en el pelo.

Poco desarrollo genital, alteraciones tiroideas e insuficiencia hepática.

Ácido pantoténico
Vitamina B-5

Es parte de la coenzima A. Participa en el metabolismo de los ácidos grasos, pero muy especialmente en el de los fragmentos de dos átomos de carbono que constituyen la acetil coenzima A.

El ácido pantoténico interviene en el metabolismo de los glúcidos como constituyente de la coenzima A y en el metabolismo de los lípidos. Como ácido libre es un aceite viscoso de color amarillo pálido, soluble en agua y alcohol, inestable a los ácidos y al calor. De sabor amargo y fácil de conservar en medios líquidos, en forma de pantenol se absorbe rápidamente y se convierte en ácido.

Su actividad en el organismo depende de la coenzima A, la cual se encuentra en todos los tejidos, siendo uno de los más importantes en el metabolismo tisular al actuar como portador de ácidos carboxílicos.

Estas combinaciones proporcionan enlaces de gran energía, los cuales entran a formar parte como ácido cítrico en el ciclo de Krebs, el cual como sabemos regula el metabolismo de los glúcidos, prótidos y lípidos.

Después de estas transformaciones aparece el ácido acético como precursor del colesterol y las hormonas esteroides, siendo indispensable para el buen funcionamiento de la glándula suprarrenal. A su vez, la coenzima A tiene un efecto importante en el metabolismo de los lípidos y la producción del ATP, enlace sulfuro de gran energía. Todo este ciclo complejo viene a demostrar la gran importancia que tiene esta vitamina en la producción de la energía, aunque afortunadamente las carencias importantes apenas si se dan en el ser humano, salvo en pequeñas proporciones como después veremos.

Propiedades

Sabemos que este componente vitamínico es necesario para la desintoxicación de las sustancias indeseables que se encuentran en los alimentos y para neutralizar los venenos y drogas que podamos ingerir, entre ellos el alcohol.

Es un poderoso estimulante celular que actúa en el crecimiento del cabello, piel y pigmentos, mejorando además la función hepática. Estimula la producción de anticuerpos y regula todo el sistema defensivo y energético. Está involucrado en el metabolismo de los fosfolípidos y en la síntesis de la hemoglobina.

Se absorbe bien por vía intestinal, ya sean sus sales o en dilución alcohólica, aunque hay ciertos antagonistas, como el ácido salicílico que impiden su aprovechamiento, mientras que se puede mejorar su absorción uniéndolo al resto de las vitaminas del complejo B y a los oligoelementos cobre y azufre.

Procedencia

Lo podemos encontrar en la carne de vaca (0,3 mg/100 gr), el pescado de agua salada (1,0 mg/100 gr), los huevos (1,1 mg/unidad), la harina integral de trigo (0,5 mg/100 gr), las patatas (0,6 mg/100 gr), los guisantes (0,4 mg/100 gr), las alubias (0,2 mg/100 gr), la levadura de cerveza (4 mg/100 gr) y en menor proporción en los riñones, el hígado de mamífero, el salmón, el repollo y el brécol, así como en los tomates y los pimientos. También aparece en la miel, el própolis y el zumo de naranja.

Aplicaciones

El "síndrome de los pies calientes" observado en los soldados que peleaban en las trincheras y en los prisioneros de guerra, era habitual en épocas ya lejanas, aunque se dan formas más benignas en la actualidad en países tropicales o en los meses de calor.

Junto a estos ardores en la planta del pie aparecen otros síntomas como dolores de cabeza, fatiga, alteraciones en la coordinación motora de los músculos, pinchazos difusos, calambres musculares y alteraciones gastrointestinales.

También es normal que estos síntomas vayan asociados a taquicardia, hipotensión y crisis de hipoglucemia, por lo que es importante ajustar la dosis de insulina en los diabéticos.

En otros individuos y aunque no ha podido ser demostrado en todas las personas afectadas por carencia de esta vitamina, se han registrado casos de alopecia (caída del cabello) y pérdida del pigmento capilar con aparición prematura de las canas.

También, degeneración del sistema nervioso que puede originar convulsiones, rinitis hemorrágica de repetición en los meses de verano, distensión abdominal con atrofia y úlceras gástricas y con frecuencia degeneración grasa del hígado.

Otros casos aislados hablan de necrosis hemorrágica en las glándulas suprarrenales, anemia hipocrómica a causa de una síntesis pobre de la hematina y hasta reabsorción de los fetos en los primeros meses del embarazo, aunque este efecto se da con frecuencia en los animales y no en el ser humano. Por último, se registraron casos aislado de vascularización de la córnea y trastornos óseos durante el crecimiento, quizás porque la carencia de pantotenato nunca se da aislada.

Otras alteraciones que pueden darse son anorexia, dolores en las extremidades, desvanecimientos con hipotensión y taquicardia y alteraciones en el comportamiento como depresión e irritabilidad.

Las necesidades diarias en los trastornos carenciales son de 10 mg diarios y para cubrir las demandas en personas sanas bastan con 5 mg

Otras aplicaciones no carenciales

Aplicado tópicamente se utiliza con cierto éxito para el tratamiento de la alopecia, las úlceras por decúbito y las varices, así como para el sudor de pies y el ardor de la planta, especialmente cuando está asociado a irritaciones interdigitales.

En dosis de 100 mg/día por vía intramuscular es muy útil para restablecer la movilidad intestinal después de las operaciones quirúrgicas, así como para eliminar los ardores intensos de estómago y las úlceras gástricas.

También en forma local y en forma de pastillas para chupar, se utiliza con éxito en afecciones faríngeas que cursan con ardores e inflamación y en las estomatitis, así como después de las extracciones dentarias para mejorar la cicatrización. En forma de pomada acelera la cicatrización de la piel en las quemaduras y suaviza la piel irritada en los niños pequeños.

Es eficaz para prevenir y curar las intoxicaciones por estreptomicina, especialmente en los trastornos neurológicos y auditivos que se pueden dar.

También se puede probar en enfermedades como el parkinsonismo, las depresiones, las neuritis, los procesos reumáticos y las alteraciones del sistema nerviosos central.

Aunque no exista seguridad en su eficacia, es normal emplearlo en todas las alteraciones del cuero cabelludo (alopecia, caspa, seborrea, eczemas, dermatitis y canas), asociada generalmente a otras vitaminas, aminoácidos y oligoelementos.

Vitamina B-6
Piridoxina

Su importancia metabólica depende de su conversión en piridoxal-5-fosfato (PALP), molécula que funciona como coenzima en numerosas reacciones bioquímicas, casi todas relacionadas de alguna manera con los aminoácidos. Interviene en el metabolismo de los aminoácidos y en la transformación del triptófano en ácido nicotínico.

Los cambios químicos en el sistema nervioso central, es decir, la formación de serotonina a partir del triptófano y de ácido gammaaminobutírico (GABA) a partir del ácido glutámico requiere sustancias dependientes de la vitamina B6, lo mismo que la formación de Tirosina.

Una vez ingerida se distribuye por todo el organismo en forma de coenzima, aunque no se almacena así, y el 70% de ella es eliminada por orina como un metabolito inactivo.

La encontramos a nivel celular como fosfato de piridoxal, interviniendo así en el metabolismo de los hidratos de carbono, en la neuglucogénesis y en el metabolismo de los lípidos, favoreciendo la utilización de los ácidos grasos secuenciales, aunque su papel más importante está en los prótidos.

Por intermedio del piroxal-fosfato contribuye a mantener la integridad de la célula nerviosa y de la vaina de mielina.

Forma parte de las transaminasas al actuar sobre los aminoácidos glutámico y aspártico y permite realizar la síntesis de los aminoácidos a partir de los hidratos de carbono. También participa en otras reacciones en las que están involucrados la glutamina, la aspargina y el ácido aspártico, facilitando la formación de urea. Su acción sobre los aminoácidos abarca también a la tirosina, la histidina, cisteína, así como al triptófano y la vitamina PP.

Siguiendo con los procesos metabólicos la volvemos a encontrar influyendo en la serina y la treonina y en un derivado de la metionina llamado homocisteína. También facilita la conversión del ácido linoleico en araquidónico, en la biosíntesis de la coenzima A, el cual se altera cuando hay carencia de B-6 y facilita la formación del glucógeno de reserva en los músculos e hígado. Podríamos afirmar que su presencia es esencial para la totalidad de los aminoácidos esenciales.

Su papel es también importante en la incorporación del hierro en la síntesis de la hemoglobina, en la fijación del calcio a los huesos, la actividad del sistema nervioso central y para suministrar metabolitos al ciclo de Krebs.

Está íntimamente relacionada con la Niacina, pero al contrario que ésta no es un producto del triptófano y le ayuda a metabolizarse.

Su coenzima, la codecarboxilasa, interviene en el metabolismo de las proteínas y en forma de fosfato de piridoxal en el metabolismo del sistema nervioso. Su carencia puede ser debida a una disminución del nivel del ácido gamma amino butírico del sistema nervioso, ya que su síntesis se realiza mediante un enzima que precisa el piridoxal 5 fosfato. El codecarboxilasa, a su vez, interviene también como cofermento en el metabolismo de los aminoácidos, siendo también importante en el de los lípidos y la colesterina.

La piridoxina misma probablemente carece de acción fisiológica, pero se transforma fácilmente por el cuerpo en las formas funcionales piridoxal y piridoxamina.

En la sangre estimula la eritropoyesis y la leucopoyesis y posee acción desintoxicante sobre tóxicos endógenos y exógenos.

Su papel es importante en el metabolismo cerebral y es necesaria para la formación del grupo de aminas cerebrales que facilitan la transmisión nerviosa, entre ellas la adrenalina, la noradrenalina y la dopamina.

Hay ciertas drogas que interfieren en su relación con los sistemas enzimáticos específicos, como la isoniacida, la penicilamina y la hidralazina, dando lugar a carencias de B-6 bastante importantes.

Las necesidades diarias son de 2,0 mg/día en adultos, 10 mg/día en embarazadas y 0,4 mg/día en los lactantes.

Procedencia

Sus mejores fuentes naturales son la levadura de cerveza, el germen de trigo, las verduras y hortalizas, las legumbres (0,1 mg/100 gr), el hígado de mamífero, los plátanos, las patatas (0,14 mg/100 gr) y la leche (0,03 mg/100 gr). También está en los huevos (0,25 mg/100 gr) y el pescado azul (0,45 mg/100 gr).

Aplicaciones

Aunque la deficiencia primaria es muy infrecuente, al estar muy difundida por la naturaleza, se han podido observar carencias importantes en niños pequeños alimentados con leche artificial en polvo, dando lugar a convulsiones, y en personas con tratamiento de fármacos antagonistas.

Los síntomas consisten en seborrea, glositis, queilosis, neuropatías, anemia en los adultos e incluso deficiencia mental, urticaria y asma.

También son frecuentes carencias en los regímenes de adelgazamiento y es normal encontrar seborrea alrededor de la nariz, ojos y boca y una disminución constante en el número de linfocitos. Hay neuritis periférica y accidentes cardiovasculares más frecuentes.

Aplicaciones no carenciales

Esta es quizá la mejor aplicación de la piridoxina, ya que aunque las carencias no son frecuentes, su utilidad como nutriente con propiedades terapéuticas es muy amplia y permite tratar una gran gama de enfermedades, entre ellas:

Náuseas y *vómitos* de la embarazada, especialmente en los tres primeros meses.

Mareo en los viajes, aunque el efecto deba ser también preventivo.

Enfermedad de kwashiorkor por deficiencia de proteínas.

Hipoplasia medular por *anemia* normocrómica.

Colitis crónicas y agudas, diarreas, náuseas y vómitos.

Hepatopatías y anorexia.

Cardiopatías funcionales y secuelas de accidentes vasculares.

Pérdida de *memoria* y disminución de las facultades intelectuales.

Bajo rendimiento deportivo y poco *desarrollo muscular*.

Alcoholismo crónico y para anular los efectos de las borracheras (300 mg en una dosis)

Alopecia en unión al complejo B.

Pelagra, para curar las lesiones residuales.

Acné, junto con la vitamina A en dosis de 250 mg.

Encefalitis, por su acción decisiva sobre el sistema nervioso. *Favorece el sueño*.

Trastornos neuromusculares como parálisis, parkinsonismo, temblor ideopático.

Hipoacusias seniles, neuroencefálicas, tóxicas, en asociación con las vitaminas B-1 y A.

Litiasis renal, para favorecer el paso de glicina a glicoxílico, mucho más fácil de eliminar.

Porfiria, en unión a la vitamina E.

Advertencias:

Dosis prolongadas de vitamina B-6 pueden desequilibrar el ácido pantoténico de la dieta, originando carencias.

No administrar junto con medicamentos que contengan L-Dopa, porque anula su efecto.

Dosis muy altas durante varios meses puede producir ataxia sensitiva y alteración de la sensibilidad en las extremidades inferiores.

CAPÍTULO 8

Enzimas digestivas

Amilasa

Este componente del jugo pancreático tiene la acción de hidrolizar el almidón hasta maltosa a un pH óptimo de 7.1.

El carbohidrato dietético principal para muchas especies es el almidón, siendo esta enzima quien hidroliza el almidón a maltosa (un disacárido de la glucosa), así como también la maltotriosa que es un trisacárido, y fragmentos pequeños llamados dextrinas límite. La fuente principal de amilasa en todas las especies es el páncreas, aunque la amilasa está también presente en la saliva de algunos animales (p.ej. en cerdos), además del hombre.

Bromelina

La piña, por su contenido en bromelina, formada por tres enzimas combinadas (bromelina, extranasa y ananasa), resulta muy adecuada para la circulación ya que disuelve los coágulos que puedan formarse y fluidifica la sangre. Esto es una buena manera de evitar problemas circulatorios como trombosis, ataques cardíacos, apoplejías y, al mismo tiempo disminuir la presión sanguínea elevada.

En la actualidad, la bromelina se mide en MCU (unidades de coagulación de la leche) o GDU (unidades de disolución de la gelatina). Una GDU equivale a aproximadamente 1.5 MCU.

Los productos más potentes contienen al menos 2.000 MCU (1.200-1.333 GDU) por gramo (1.000 mg). Un suplemento que contenga 500 mg e indique "2.000 MCU por gramo" en la etiqueta, tendrá una actividad de 1.000 MCU.

Es complicado determinar la dosis correcta de bromelina que se debe tomar. La mayoría de los estudios de la bromelina se realizaron hace años, cuando las cantidades utilizadas se expresaban en unidades de actividad que ya no existen y que no es fácil convertir exactamente en las nuevas unidades.

Algunos médicos recomiendan tomar hasta 3.000 MCU tres veces al día durante varios días, seguidas por 2.000 MCU tres veces al día.

La mayor parte de la bromelina usada en los estudios de investigación (500 MCU cuatro veces al día) tenía un recubrimiento entérico para evitar que la destruyeran los jugos gástricos. Por lo tanto, es probable que los preparados de bromelina que se venden actualmente (que no suelen tener un recubrimiento entérico) sean menos potentes que la bromelina que se usó en los estudios de investigación.

Galactosidasa

Ha sido autorizada en la UE en la terapia de sustitución enzimática a largo plazo en pacientes con diagnóstico confirmado de enfermedad de Fabry (déficit de galactosidasa A). La enfermedad de Fabry es una enfermedad hereditaria ligada al cromosoma X, de incidencia rara (aprox. 3.000 casos en todo el mundo) que se caracteriza por un déficit de galactosidasa que ocasiona daños en riñón, hígado, corazón. Se manifiesta con insuficiencia renal, opacidad corneal, lesiones cutáneas y dolor en extremidades, siendo más grave en varones.

La *agalsidasa* puede sustituir a la galactosidasa, aunque debe ser administrada por vía intravenosa. La *agalsidasa* al ser una proteína, no se espera que se una a las proteínas plasmáticas y al ser su metabolismo por hidrólisis peptídica no es probable que presente interacciones con otros fármacos.

La semivida es diferente dependiendo de la forma: aprox. 108 minutos.

En pacientes con enfermedad de Fabry se confirmaron la reducción del dolor (sobre todo neuropático), reducción de medicación analgésica, así como la reducción en los niveles de GE en tejidos (corazón, riñón e hígado). No obstante, también se dan reacciones adversas: escalofríos, fiebre, náuseas, neuralgia, hipertensión y mialgia (comunes a las dos formas), rinitis y acné, recomendándose no utilizarse en embarazo y lactancia.

Invertasa

La invertasa o β-fructofuranosidasa, desdobla la sacarosa en sus dos componentes: glucosa y fructosa, obteniéndose así un producto de alto contenido en fructosa.

Durante el proceso de conversión del néctar de las abejas en miel ocurren dos procesos diferentes. Uno químico, en el cual la sacarosa es desdoblada en glucosa y fructosa (azúcares simples) por acción de la enzima invertasa, presente en la saliva de las abejas pecoreadoras. Estas, al llegar a la colmena, transfieren el néctar a otras abejas, quienes lo regurgitan junto a su saliva (agregándole más invertasa) en las celdas de los panales destinados a su almacenamiento. El segundo proceso consiste en crear corrientes de aire caliente que deshidratan el néctar, reduciendo el contenido de agua a menos de 20%, produciéndose finalmente la miel. Este proceso, de orden físico, se logra a través de la ventilación y evaporación, producto del calor generado por el movimiento de los músculos toráxicos y las alas de las abejas. La miel, por tanto, es un alimento rico en esta enzima.

Lactasa

La mayoría de los bebés poseen esta enzima que divide la lactosa en glucosa y galactosa para así poder ser absorbidas en la sangre. Antes de los años 60, la mayoría de los profesionales de la medicina en Estados Unidos creían que estas enzimas existían en el mismo número en adultos que en niños. Sin embargo, cuando se hicieron más investigaciones al respecto con diferentes grupos étnicos, se descubrió que esa concepción estaba más bien lejos de la realidad. Aproximadamente un 70 por cien de afro-americanos, un 90 por cien de asiáticos-americanos, un 53 por cien de hispanoamericanos y un 74 por cien de indios nativos americanos, demostraron ser intolerantes a la lactosa. La causa estaba en la ausencia de lactasa, del mismo modo que también ocurre con la *renina*.

Pronto se descubrió que la ausencia de las enzimas digestivas necesarias para metabolizar la leche de vaca no era una anomalía, sino una norma en la población adulta, aunque la raza caucásica parece que resiste mejor esta carencia. La mayoría de la población sin embargo (alrededor de un 75%) pierde las enzimas que digieren la lactosa tras el destete, convirtiendo a la leche en un alimento perjudicial, salvo que esté previamente fermentado, como ocurre con el yogur.

Esto es una advertencia de la naturaleza para que no tomemos lácteos al llegar a la edad adulta.

Lipasa

Se trata de uno de los componentes del jugo pancreático, cuya función es hidrolizar las grasas en ácidos grasos, glicerol, monoglicéridos y diglicéridos.

La forma principal de presentación de los lípidos alimenticios son los triglicéridos, o lípidos neutrales, pero las moléculas de triglicéridos no se pueden absorber directamente a través de la mucosa intestinal, pues primero deben ser digeridos a 2 monoglicéridos y dos ácidos grasos libres. La enzima que realiza esta hidrólisis es la lipasa, que llega al lumen del intestino como un componente del jugo pancreático. Sin embargo, se necesitan cantidades suficientes de sales de bilis para que la lipasa pueda digerir eficientemente los triglicéridos y metabolizarlos a ácidos grasos y monoglicéridos para ser absorbidos. Esto significa que la digestión y la absorción normales de la grasa dietética dependen de las secreciones del páncreas y el hígado.

Lisozima

Se trata de una enzima que posee acciones favorables sobre el sistema inmunológico del organismo. Según se cuenta, el descubrimiento de la lisozima tuvo lugar en 1922, cuando las lágrimas de un niño (que estaba en el laboratorio donde trabajaba Fleming), cayeron en un tubo y aclararon una suspensión llena de una bacteria denominada *Micrococcus lysodeikticus.* De ahí el nombre de Lisozima de Fleming.

Cualquier lágrima posee esta enzima, capaz de romper el enlace beta glucosídico de la mureína, encontrándose igualmente en las secreciones nasales, la saliva y la clara de huevo. También se la ha aislado en bacterias y bacteriófagos. La acción de la lisozima se pone en evidencia por un aclaramiento rápido de una suspensión bacteriana, *Micrococcus lysodeikticus* y *Bacillus megaterium,* entre otras, habitualmente presentes en la boca.

El mecanismo de la lisis es el siguiente: la destrucción de la pared celular deja al protoplasma de las bacterias rodeado únicamente por la membrana celular ("protoplasto"), lo cual convierte a la bacteria en un organismo extraordinariamente sensible a las variaciones de tonicidad del medio, momento es que son atacadas por la lisozima. Por tanto, la lisozima presente en las lágrimas y en la saliva actúa como barrera frente a diferentes microorganismos patógenos, por lo que su deficiencia está ligada a un aumento del riesgo de infecciones. Esta sustancia también se encuentra de modo natural en el bazo, los pulmones, los leucocitos, el plasma, el cartílago y en la leche materna.

Gracias a la presencia de lisozima en nuestro organismo, éste es capaz de defenderse espontáneamente de numerosas infecciones. Cuando debido a diferentes situaciones patológicas descienden los niveles de lisozima, merma la capacidad del organismo para defenderse frente a las infecciones. Algunas de sus aplicaciones son: tratamiento de infecciones buco-faríngeas, estomatitis, gingivitis o gripe, así como en casos de colitis ulcerosa.

Maltasa

La maltasa es la enzima que hidroliza la maltosa a glucosa. Existe de forma natural en la saliva, los jugos pancreáticos e intestinales así como en la sangre. El almidón se digiere en dos etapas: primero, una enzima de la saliva y del jugo pancreático lo descompone en moléculas de maltosa; luego, la maltasa, una enzima de la mucosa del intestino delgado, divide la maltosa en moléculas de glucosa que pueden absorberse en la sangre. La glucosa va por el torrente sanguíneo al hígado, en donde se almacena o se utiliza como fuente de energía para las funciones del cuerpo.

Papaína

La papaína es una enzima similar a la pepsina humana. Se extrae de la deliciosa papaya, y el crecimiento del negocio relacionado con ella ha sido tal en los últimos años que el mercado mundial se calcula en unos 100 millones de dólares anuales, de los cuales el 70% pertenece a las industrias relacionadas con la alimentación. La papaína se consigue por la extracción del látex, que es un líquido blanco obtenido mediante cortes en los frutos inmaduros. Luego, en laboratorio, se separa la enzima y se purifica hasta alcanzar un nivel óptimo de calidad para la comercialización y uso. La enzima se usa en estado líquido y tiene una duración mínima de seis meses estando refrigerada.

La papaína es una mezcla de enzimas proteolíticas, es decir enzimas capaces de dividir a las proteínas en moléculas más simples. Se encuentra en el estado natural en el látex de la papaya. De cara a la defensa inmunitaria, la papaína moviliza y divide los ''complejos inmunes'', que son agregados constituidos por varios antígenos y anticuerpos, con el fin de facilitar su renovación. Al desempeñar el sistema inmunitario un papel capital en numerosos procesos fisiológicos, la papaína es por lo tanto una gran aliada de nuestra salud.

La papaína estimula por otra parte la producción de SOD, o superóxido dismutasa, que es la enzima que elimina los radicales hidroxilos y bloquea así el proceso de formación de radicales libres desde su inicio. Al actuar la SOD como un verdadero medicamento contra la inflamación y la fibrosis, la utilidad de la papaína en luchar contra los reumatismos es ahora reconocida. Sus beneficios también han sido constatados por las personas afectadas por el virus VIH y de la hepatitis B o con diabetes insulino-dependiente. Por último, la papaína reduce los efectos secundarios asociados a la radiación y a la quimioterapia.

La papaína también estimula la producción de los jugos del páncreas, lo que permite digerir mejor los alimentos. Es curioso como la papaya por una parte puede aumentar los jugos gástricos en caso de insuficiencia hepatobiliar pero, al mismo tiempo, tiene capacidad para proteger el estómago cuando se encuentre irritado, por lo que será adecuada su ingestión si existe gastritis o posibilidad de desarrollarla por exceso de ácidos o por ingestión habitual de medicamentos.

Pepsina

Es un componente del jugo gástrico, cuya principal función es la digestión parcial de las proteínas naturales en proteasas y peptonas. Al igual que la *renina*, la pepsina pertenece a una familia conocida como proteasas aspárticas, debido al aminoácido aspartato.

Su importancia aumentó en los años 70 cuando la investigación sobre la estructura de proteasas ácidas

micóticas sirvió de guía para desvelar la estructura de
la pepsina de cerdo. Lo que se pretendía realmente era
buscar un inhibidor de la *renina*, posiblemente responsable del aumento de la tensión arterial.

La pepsina es responsable del fraccionamiento de
un 10 por ciento de las proteínas, siendo la única enzima que digiere el colágeno, uno de los principales
componentes de la carne.

Segregada a nivel de las células principales del estómago en forma inactiva, está formada por siete enzimas que se agrupan en los denominados pepsinógenos
I y II precisándose para su activación la presencia de un
pH ácido, siendo el pH óptimo para su actuación 1,8
y no existe actividad cuando el pH es superior a 3,5.
Esta pudiera ser la causa de muchas úlceras pépticas.

Pepsinógeno

En el estómago el ácido clorhídrico convierte al
pepsinógeno en pepsina, cuya secreción va a tener dos
tipos: el pepsinógeno I y el pepsinógeno II. El pepsinógeno I sólo es secretado por las células principales
y por las células mucosas del cuello de las glándulas
oxíntricas (propias del aparato digestivo), mientras
que el pepsinógeno II es secretado por células mucosas
a lo largo y ancho del estómago.

Ptialina

La digestión comienza con una correcta masticación e insalivación de los alimentos. Sin embargo sólo el almidón inicia su digestión química en la boca. La saliva, que es alcalina, contiene ptialina, la cual convierte el almidón en maltosa, un azúcar complejo que más tarde será transformado en glucosa (un azúcar simple), por la maltasa del intestino. La ptialina puede ser destruida al modificarse el pH oral, por un ácido débil o una reacción alcalina fuerte. Esto es importante, ya que su acción se interrumpe si los almidones se mezclan con alimentos ácidos o que provoquen reacción ácida en el estómago. Por ejemplo, cuando se toma azúcar, se produce mucha saliva pero sin ptialina. Al comer almidón humedecido, no se produce saliva. Al comer carne o grasa no se produce ptialina.

Quimosina

Produce la coagulación de la leche, ya que en presencia de calcio transforma en forma irreversible la caseína de la leche en una paracaseína, sobre la cual actúa posteriormente la pepsina. Se dice que esta enzima no existe en el jugo gástrico de los adultos, otra razón para descartar la ingesta de leche. Sin embargo, la contienen los quesos y yogurt.

Rennina (Quimosina)

Es la enzima para la coagulación de leche; actúa en la caseína de la leche produciendo una masa a semejanza de gel, que la prepara para la digestión por la pepsina. Presente en el estómago de los lactantes, va desapareciendo al llegar a la niñez, hasta su inexistencia en la edad adulta. Esta es una de las causas por las cuales se insiste en que los adultos no deberían tomar leche, pues ya no disponen de los elementos digestivos necesarios para su absorción y metabolización.

Tripsina

A ella se debe la acción proteolítica del jugo pancreático, actuando sobre las proteínas nativas, sobre las proteosas y sobre las peptonas provenientes del estómago para producir polipéptidos que son más aprovechables. El *tripsinógeno* es un precursor de la tripsina, enzima producida en el páncreas y que descompone la proteína en el duodeno. Este examen se realiza para detectar enfermedades del páncreas. Los niveles de tripsina y tripsinógeno aumentan con algunos tipos de enfermedades pancreáticas como la pancreatitis aguda y la fibrosis quística, mientras que los niveles bajos o normales se observan en la pancreatitis crónica.

Las enzimas *quimotripsina* y tripsina pueden ser útiles pasa cicatrizar heridas menores porque tienen propiedades antiinflamatorias y pueden absorberse intactas en el tracto gastrointestinal. Las cantidades disponibles en los preparados comerciales son variables. Una preparación popular contiene 24 mg de tripsina (720 unidades) y 1 mg de quimotripsina (300 unidades FIP) por comprimido. Las dosis recomendadas para un suplemento oral van de 5 comprimidos dos veces al día, hasta 10 tres veces al día. Estas enzimas pueden ser más efectivas para el dolor lumbar crónico y la ciática que para el dolor lumbar agudo.

CAPÍTULO 9

Otras enzimas

ATP (Trifosfato de adenosina)

Es la principal fuente de energía de los seres vivos y se alimenta de casi todas las actividades celulares, entre ellas el movimiento muscular, la síntesis de proteínas, la división celular y la transmisión de señales nerviosas. Se origina por el metabolismo de los alimentos en unos orgánulos especiales de la célula llamados mitocondrias.

El ATP se comporta como una coenzima, ya que su función de intercambio de energía y la función catalítica (trabajo de estimulación) de las enzimas están íntimamente relacionadas. La parte adenosina de la molécula está constituida por adenina, un compuesto que contiene nitrógeno (también uno de los componentes principales de los genes) y ribosa, un azúcar de cinco carbonos. Cada unidad de los tres fosfatos (trifosfato) que tiene la molécula, está formada por un átomo de fósforo y cuatro de oxígeno y el conjunto está unido a la ribosa a través de uno de estos últimos. Los dos puentes entre los grupos fosfato son uniones de alta energía, es decir, son relativamente débiles y cuando las enzimas los rompen ceden su energía con facilidad. Con la liberación del grupo fosfato del final se obtiene siete kilocalorías (o calorías en el lenguaje común) de energía disponible para el trabajo y la molécula de ATP se convierte en ADP (difosfato de adenosina).

La mayoría de las reacciones celulares que consumen energía están potenciadas por la conversión de ATP a ADP, incluso la transmisión de las señales nerviosas, el movimiento de los músculos, la síntesis de proteínas y la división de la célula.

Por lo general, el ADP recupera con rapidez la tercera unidad de fosfato a través de la reacción del citocromo, una proteína que se sintetiza utilizando la energía aportada por los alimentos. En las células del músculo y del cerebro de los vertebrados, el exceso de ATP puede unirse a la creatina, proporcionando un depósito de energía de reserva.

Para poder ser sintetizado, los organismos requieren oxidar los sustratos energéticos de la dieta, proteínas, grasas y carbohidratos. Inicialmente estas sustancias tienen vías metabólicas separadas hasta alcanzar en su degradación un metabolito común que es el acetil CoA. A partir de este punto entran al ciclo de Krebs o del ácido cítrico, realmente una ruta para facilitar el catabolismo y al anabolismo. En este proceso hay producción de CO_2 e hidrogeniones, siendo estos últimos transportados por óxido reducción a la cadena respiratoria donde se formará agua endógena y ATP. Para lograr esta oxidación de los sustratos con alta producción de energía, es indispensable el oxígeno que actúa como comburente en las reacciones.

La energía adquirida por las células se conserva en ellas para ser utilizada principalmente cuando se requiera en forma de adenosín trifosfato (ATP). Tanto si proviene de la luz solar o de la oxidación de compuestos orgánicos, se invierte en la formación de ATP, en una proporción muy alta. El ATP es entonces el "fluido energético" que pondrá en marcha las demás funciones de la célula.

Todos los seres vivos necesitan un aporte continuo de materia y energía, aunque existen grandes diferencias en la forma de obtenerlas y de su utilización. Los vegetales son seres autótrofos, utilizan la energía solar como fuente de energía y como materia usan el agua, el dióxido de carbono (CO_2) y los iones orgánicos. No necesitan eslabones intermedios.

El hombre y los animales son seres heterótrofos y por ello utilizan como fuente de energía y materia las biomoléculas sintetizadas por los vegetales, ingeridas en los alimentos directamente. Las biomoléculas ingeridas por el hombre se degradan metabólicamente hasta convertirse en CO_2 y H_2O, y derivados nitrogenados, que liberan energía química (ATP). Esta energía se utiliza para la realización de trabajo y la síntesis proteica.

Con objeto de obtener energía y otras sustancias, tan sólo para partir a la molécula de glucosa en dos fragmentos iguales de piruvato o lactato, se requiere de un gran número de pasos, catalizados cada uno por una enzima diferente. La degradación de la glucosa, o glucólisis, se puede llevar a cabo tanto en ausencia como en presencia de oxígeno. Sin embargo, lo más importante del proceso es que parte de la energía contenida en los enlaces de la glucosa puede transformarse, con bajo rendimiento, en la de los enlaces del ATP, directamente aprovechable por la célula. Pero aunque una molécula de glucosa que se degrada para dar ácido láctico sólo produce dos moléculas de ATP, esta vía puede funcionar a gran velocidad en algunas células, las musculares, por ejemplo. Los atletas que participan en las pruebas rápidas, como por ejemplo la carrera de los 100 metros, obtienen casi toda la energía para la competencia, de esta vía metabólica.

Moléculas de adenosintrifosfato y adenosindifosfato

La molécula de ATP contiene tres grupos fosfato y libera energía cuando se desprende el último de éstos al ser "hidrolizado", al romperse con una molécula de agua. La cantidad de energía que se libera puede en muchos casos servir para que otra reacción química ocurra. Utilizando una analogía de la naturaleza, es como si el agua que corre por un río, que siempre va cuesta abajo, corriera un día cuesta arriba; esto que parece imposible, es lo que la célula tiene que hacer todo el tiempo para sobrevivir y dividirse, ya que en un organismo vivo existe una constante tendencia al desorden o al equilibrio con el medio que la rodea. Para evitar caer en este equilibrio o desorden de manera total, todo organismo vivo debe gastar energía química a partir de la cual se sintetizan componentes celulares o bien se llevan a cabo procesos, como el transporte de nutrientes o el movimiento, que requieren de ella.

El ATP y el poder reductor

Como hemos visto, el metabolismo tiene dos componentes, uno de degradación y otro de síntesis; en pocas palabras, la fase degradativa produce ATP y la de síntesis lo utiliza. El ATP es probablemente la molécula más utilizada del organismo; esto ha hecho que un gran número de grupos de investigación en el mundo se hayan interesado en estudiar los mecanismos de síntesis de este compuesto.

Esquema de una mitocondria

La maquinaria que se encarga de sintetizar la molécula de ATP está incluida o sumergida dentro de la membrana interna de la mitocondria y está constituida por proteínas especializadas en las funciones que a continuación describimos.

Después de muchos años de investigación, se ha llegado a entender que existen proteínas que, a diferencia de la gran mayoría de las proteínas solubles, pueden llevar a cabo procesos de transporte de especies químicas que no pasarían a través de una membrana de no ser por ellas.

En la mitocondria estas proteínas aceptan y donan electrones, los cuales provienen originalmente de los hidrógenos que proporciona el ciclo de Krebs. Pero lo más importante es que, como ya mencionamos para el cloroplasto, tienen acoplados a su vez procesos de transporte. En otras palabras, cuando una molécula dona su electrón a una de las proteínas de la membrana mitocondrial, el electrón es transportado hacia el oxígeno, pero no en forma directa, sino a través de varios aceptores. En algunos de los pasos, de manera simultánea al transporte de los electrones hacia el oxígeno y aprovechando la energía con que esto sucede, se "bombean" protones, o hidrogeniones (H^+) hacia el exterior de la mitocondria.

La esencia del proceso es que las proteínas de la membrana mitocondrial, que se llaman también transportadoras de electrones, se encuentran formando una cadena que termina en el oxígeno, y que al funcionar bombea protones al exterior. Estos protones tienen una gran tendencia a regresar al interior, y representan una forma de energía. Así se genera una fuerza capaz de proveer la energía que requiere el proceso de síntesis de ATP.

Catalasa

La catalasa es una de las enzimas involucradas en la destrucción del peróxido de hidrógeno generado durante el metabolismo celular.

Este peróxido de hidrógeno oxidorreductasa, es una de las enzimas más abundantes en la naturaleza y se encuentra ampliamente distribuida en el organismo humano, aunque su actividad varía en dependencia del tejido; ésta resulta más elevada en el hígado y los riñones, más baja en el tejido conectivo y los epitelios, y prácticamente nula en el tejido nervioso. A nivel celular se localiza en las mitocondrias y los peroxisomas, excepto en los eritrocitos, donde se encuentra en el citosol.

Función enzimática

La actividad de la CAT puede ser inhibida por el cianuro, la azida, el sulfuro, la hidroxilamina, el paracetamol, la bleomicina, la adriamicina, la benzidina y el paraquat.

La CAT ha sido ampliamente estudiada en relación con su participación en numerosos procesos patológicos de gran importancia en las investigaciones biomédicas, y está involucrada tanto en la génesis como en las consecuencias de dichos procesos.

En modelos animales y humanos de isquemia se ha comprobado la participación de las EROS (especies reactivas de oxígeno), en la producción de los daños que aparecen durante este proceso, así como la modificación de las enzimas antioxidantes, entre las que se encuentra la CAT, y se ha observado que estas modificaciones no se comportan de igual forma en todos los tejidos.

En estudios realizados en riñón, la reperfusión (restauración del flujo sanguíneo) que siguió al daño isquémico provocó una pérdida de proteínas de la matriz de los peroxisomas, e incluso muerte celular, con drástico compromiso de las funciones de éstos y descenso significativo de la actividad de CAT.

En pacientes con insuficiencia renal crónica, principalmente en aquéllos que recibieron tratamiento con diálisis peritoneal y hemodiálisis, se encontró una disminución de las enzimas antioxidantes, entre ellas la CAT, a nivel eritrocitario.

El desarrollo de lesiones hemorrágicas en la mucosa intestinal es causado por radicales de oxígeno y la activación de la fosfolipasa A con enzimas antioxidantes como la CAT y las superóxido dismutasas (SOD), así como inhibidores de la fosfolipasa A2, pueden prevenir los daños causados por la reperfusión intestinal, siempre que el tratamiento se aplique durante la isquemia, pero antes de la reperfusión.

Se ha encontrado también una relación causal entre la generación de radicales libres y el daño isquémico de la retina y se comprobó la protección que brindan las SOD y la CAT, las que se recomiendan como posible tratamiento.

La administración de SOD y CAT reduce la incidencia de depresión de la función contráctil en modelos experimentales, y puede limitar la necrosis si se utilizan en el momento de la reperfusión.

Estudios recientes muestran que la CAT y las SOD, administradas de forma independiente durante la reperfusión cardiaca, reducen significativamente la producción de EROS, pero fallan ante la producción de arritmias ventriculares inducidas por la reperfusión. Ambos efectos pueden eliminarse cuando las 2 enzimas se aplican juntas.

Durante los trasplantes cardíacos tiene lugar una isquemia prolongada seguida de reperfusión con sangre oxigenada, produciéndose un aumento en los niveles de las EROS, lo que trae como consecuencia un desacoplamiento de los procesos de contracción-excitación a nivel del sarcolema.

La CAT y las SOD pueden preservar la función del metabolismo miocárdico durante el trasplante.

Se ha encontrado que después de quemaduras severas existe un incremento del catabolismo proteico con la consiguiente disfunción hepática, lo cual puede reducirse administrando enzimas antioxidantes como la CAT.

Infertilidad

Numerosos estudios han relacionado la infertilidad masculina con una disminución de la motilidad de los espermatozoides, lo que parece estar causado por un aumento de especies reactivas, sobre todo de $H2O2$. Este puede ser reducido por acción de la CAT, lo cual se propone como posible tratamiento en estos casos.

Alzheimer

Se han realizado estudios que plantean la inducción de proteínas del shock térmico (HSP) como responsables de enfermedades neurodegenerativas como la enfermedad de Alzheimer. La síntesis de HSP es inducida por las EROS y se observa que una exposición a éstas en presencia de enzimas antioxidantes como la CAT y las SOD, mejora la supervivencia de las células y disminuye la inducción de HSP.

Cáncer

En relación con las afecciones tumorales se ha encontrado en pacientes con tumores del tracto gastrointestinal un aumento de la actividad de CAT en los estadios iniciales del proceso. Esta actividad disminuía y llegaba a ser mínima en estadios de metástasis diseminada y caquexia.

Otros estudios con modelos experimentales han mostrado el importante papel que juegan las EROS en la invasión tumoral y las metástasis, y se ha observado que la administración de CAT podía inhibir la formación de metástasis.

Diabetes

La actividad de las enzimas con propiedades antioxidantes también ha sido estudiada en modelos experimentales animales de enfermedades metabólicas como la diabetes mellitus, donde se han encontrado disminuidas las SOD y la CAT, disminución que podía ser prevenida por la administración de insulina.

En resumen, la enzima Catalasa (CAT) y el superóxido dismutasa (SOD), se pueden aplicar en:

Insuficiencia renal crónica
Lesiones hemorrágicas en la mucosa intestinal
Trasplantes cardíacos
Quemaduras severas
Disfunción hepática
Infertilidad masculina
Enfermedad de Alzheimer
Tumores del tracto gastrointestinal
Metástasis
Diabetes mellitus

Coenzima A

La coenzima A o CoA es una vitamina conocida como ácido pantoténico (vitamina B5), un dipéptido formado por b-alanina unida al ácido dihidroxidimetilbutírico.

En 1930 se descubrió una enfermedad carencial con síntomas similares a la pelagra en pollos alimentados con una dieta muy restringida y un año después Williams y sus colaboradores aislaron primeramente en tejidos animales y posteriormente en la levadura, un factor al que llamaron "pantoténico" y que actuaba eficazmente en numerosas dermatitis. Posteriormente, en 1940, se consiguió aislar también en el hígado y a partir del aminoácido alanina se consiguió su fórmula: C9 H17 05 N.

Acetil coenzima A

Se trata de un cofactor importante que participa en multitud de procesos enzimáticos. Está compuesta por ácido pantoténico (vitamina del grupo B), b-mercaptoetilamina y una molécula de ADP.

Para que las células puedan aprovechar las sustancias en sus distintas funciones deben primero degradarlas. Los procesos de degradación, o catabólicos, ocurren en tres etapas; en la primera, se rompen las grandes moléculas en sus componentes más sencillos, las proteínas en aminoácidos, los carbohidratos en azúcares sencillos y las grasas en ácidos grasos.

Esta degradación de las moléculas grandes libera energía que se disipa en parte en forma de calor. En una segunda etapa, estas pequeñas moléculas son a su vez degradadas para formar moléculas todavía más pequeñas, con la posibilidad de obtener energía útil para la célula. Estas moléculas pequeñas son el piruvato y la acetil coenzima A; el piruvato también a su vez se transforma en acetil coenzima A.

La Acetil Coenzima A, una llave implicada en el metabolismo de las grasas y carbohidratos, es secuencialmente transformada en moléculas de lípidos que son almacenados en las células grasas (adipocitos) repartidos por todo el organismo.

La fuente del colesterol endógeno es el ácido acético proveniente de la Acetil Coenzima A, siendo esta el producto de la oxidación de las grasas, carbohidratos y de algunas proteínas. Por lo tanto, todos los macronutrientes son precursores potenciales de la síntesis del colesterol. Entonces, sin temor a equivocarse, hay que admitir que un aumento de carbohidratos en la alimentación incrementa la síntesis de colesterol a partir de Acetil CoA.

Coenzima B12 (Dibencocide)

La molécula de la B-12 (Cobalamina, cianocobalamina), contiene cobalto y se trata de una sustancia higroscópica cristalina de color rojo, soluble en agua y alcohol, aunque no en acetona o éter. En su forma activa, incluso como hidroxicobalamina, está íntimamente ligada a las proteínas siendo estable a la temperatura ambiente, moderadamente estable a los ácidos y álcalis, y muy sensible a los rayos ultravioleta.

Un dato curioso es que incluso la vitamina C la ataca, como también lo hace la B-1, alterando ambas su estabilidad y con mucha más intensidad la nicotinamida. El problema parece estar no tanto en estas vitaminas sino en sus productos de descomposición, lo que obliga a tomar precauciones especiales y no administrar la vitamina B-12 en unión a estos componentes.

Las formas predominantes de la vitamina B12 en la sangre y en otros tejidos, son sus dos formas de coenzima: adenosilcobalamina y metilcobalamina e hidroxicobalamina. Se sabe que las coenzimas de esta vitamina participan en una reacción metabólica de primer orden. Se necesita metilcobalamina para transmetilación de homocisteína en metionina.

Respecto al factor intrínseco, secretado por las células parietales de la mucosa gástrica, parece ser que tiene un punto de unión con la B-12 ayudándola a penetrar mejor a través de las vellosidades intestinales, aunque en el proceso final penetra en la célula en solitario.

En el plasma la encontramos como metilcobalamina e hidroxicobalamina unida ya a proteínas específicas, aunque la mayor parte se concentra en el hígado, eliminándose por bilis y en menor proporción por riñón.

En unión al ácido fólico interviene en la síntesis de las nucleoproteínas y en la del ADN, estando ambas interrelacionadas en la producción de ácidos nucleicos y de ahí la alteración de estos compuestos en las carencias de B-12.

Propiedades

* Es constituyente esencial de las proteínas.
* Interviene en la síntesis de la colina.
* Facilita la formación de creatina y actúa como una reserva energética a nivel del ATP muscular.
* Está íntimamente ligada al ácido fólico, siendo necesaria para el suministro de éste a nivel hepático.
* Mantiene el glutatión en estado reducido, evitando alteraciones en el metabolismo de los hidratos de carbono.
* Interviene en el metabolismo de los lípidos.
* Es imprescindible en la actividad del Coenzima A.
* Imprescindible en la hematopoyesis y la maduración de la médula espinal.
* Es un factor esencial para fijar y distribuir las grasas en los lugares adecuados.

Procedencia

La encontramos en abundancia en el hígado de vaca (60 mcg/100 gr), aunque no puede ser asimilada en estado crudo y la cocción la destruye parcialmente. Por ello la única manera de administrarla son los extractos de hígado o la vitamina química. También aparece en los riñones (30 mcg/100 gr), los arenques (14 mcg/100 gr), el bacalao 0,5 mcg/100 mg), la leche de vaca (0,3 mcg/100 gr) y los huevos (0,4 mcg/unidad). También aparece en cantidades altas en las algas tipo fucus y clorella, siendo esta forma la más utilizada por los vegetarianos para cubrir sus necesidades.

Enfermedades carenciales

La *anemia perniciosa* es la forma clínica más conocida, aunque en la actualidad está más extendida la anemia ferropénica. Las alteraciones clínicas tardan muchos meses en declararse y esto suele ocurrir cuando los niveles sanguíneos descienden de 0,1 mg. La sintomatología comprende cansancio extremo, hipotensión, palidez, alteraciones neurológicas de la médula, psicosis y atrofia óptica. En este sentido, es de destacar la ambliopía del fumador la cual está producida por el cianuro del humo del tabaco, el cual causa una mayor eliminación de B-12. También hay una atrofia de la mucosa gástrica la cual deja de segregar factor intrínseco, lo que impide que las dosis de vitamina B-12, tanto la procedente de alimentos como las terapéuticas, puedan ser absorbidas.

Las dosis terapéuticas deben ser pequeñas, ya que se ha demostrado que cantidades de un miligramo diario provocan cierta dependencia. La forma parenteral se reservará para la coenzima dibencozide, acompañado por extracto hepático total, el cual se ha demostrado que tiene incluso una capacidad antianémica superior a la misma B-12. Una vez lograda la curación, bastarán 30 mcg al mes para consolidar los resultados.

Otras aplicaciones

Como *anabolizante* no hormonal.

Como antialérgica y *analgésica*.

En dosis de 120 mcg diarios repartidos en cuatro veces, se logra una mejoría considerable en el tratamiento de la *poliomielitis*, restableciéndose los reflejos y disminuyendo los dolores y la parálisis. Si las alteraciones ya están sólidamente instauradas, el tratamiento con B-12 determina al cabo de una semana una recuperación del tono muscular, una influencia favorable en la atrofia y un aumento de la energía general.

También es útil en los niños prematuros para estimular el crecimiento y reforzar las defensas, en casos de desnutrición, en el Lupus eritematoso, la psoriasis y las enfermedades infecciosas.

Se ha demostrado también su utilidad en la anorexia, la *polineuritis*, la neuralgia del trigémino, el asma, los reumatismos, las cefaleas, la esclerosis en placas y la *hepatitis*.

Otros estudios demuestran su validez en el *hipertiroidismo* y en las *diarreas nocturnas* de los diabéticos.

Coenzima Q10

También conocida como ubiquinona, se trata de uno de los elementos más importantes en la producción de energía, estando presente en cantidades significativas en el corazón y el hígado, esencialmente en las mitocondrias, lugar en donde se produce ATP, la molécula encargada de ceder la energía necesaria en todos los procesos celulares.

Además, se ha comprobado su gran capacidad antioxidante, capaz de lograr un proceso reversible en los procesos oxidativos anormales, lo que representa un gran potencial terapéutico en las terapias antienvejecimiento, enfermedades malignas y como potenciador del rendimiento deportivo. Sin embargo, la absorción de CoQ10 oral a través del intestino es muy baja, y por ello se ha sugerido que para que tenga valor terapéutico se necesitan altas dosis (1200 mg/por día).

Procedencia
Caballa, salmón, sardinas, nueces y carnes.

Propiedades
Durante los periodos de isquemia (falta de oxígeno), como los que ocurren durante un ataque cardíaco, la CoQ10 ha demostrado reducir el daño al tejido cardiaco. La angina de pecho podría ser una buena indicación para esta enzima, al mismo tiempo que mejora la

tolerancia al ejercicio en personas con coágulos en las arterias del corazón.

Como coadyuvante en el tratamiento del cáncer de mama, aunque requiere dosis altas.

Para reducir la frecuencia de arritmias cardíacas, mejorar la función ventricular izquierda, y prevenir la deficiencia congestiva cardiaca. Además, la Q10 mantiene la coordinación y la fuerza del corazón.

Estabiliza la tensión arterial sistólica.

Algunos ensayos clínicos muestran un aumento del HDL ("colesterol bueno") y disminución del LDL ("colesterol malo"), aunque no parece impedir el desarrollo de las placas ateroscleróticas en los vasos sanguíneos.

Impide la toxicidad de las antraciclinas, medicamentos que se emplean para tratar el cáncer y que inducen afecciones cardiacas.

Mejora levemente la fecundidad.

Alivia los síntomas del SIDA.

Previene la progresión de la enfermedad de Parkinson si se emplea dosis de 1200 mg/por día.

Para tratar la enfermedad de Huntington (una alteración neurológica degenerativa).

Contribuye a mejorar la salud de las encías y dientes, especialmente si están afectados de periodontitis.

Disminuye los efectos perniciosos de la radioterapia en el cáncer de pulmón.

Parece eficaz para prevenir las jaquecas en unión a la vitamina B2.

Ataxia de Friedreich. Las investigaciones preliminares parecen ser prometedoras en el tratamiento de esta enfermedad.

Varios estudios han demostrado beneficios de la coenzima Q10 en personas con diagnóstico de insuficiencia cardiaca crónica (con o sin cardiomiopatía), incluidos los receptores de transplantes. En algunas partes de Europa, Rusia y Japón, la Q10 se considera una terapia estándar para pacientes con insuficiencia cardiaca congestiva.

A menudo se recomienda la Q10 en pacientes con enfermedades mitocondriales, entre las que se incluyen miopatías, encefalomiopatías y síndrome de Kearns-Sayre.

En las distrofias musculares se han descrito cierto mejoramiento en la capacidad para efectuar ejercicio, en la función cardiaca y sobre todo en la calidad de vida.

Con el paso del tiempo la capacidad de biosíntesis de la coenzima Q10 desciende considerablemente, por lo que en las personas mayores su deficiencia se puede acusar de forma notable si tenemos en cuenta que:

Es capaz de aumentar la energía y la tolerancia ante el esfuerzo.

Mejora la función inmune.

Tiene una potente actividad antioxidante.

Es capaz de actuar frente a los efectos tóxicos de algunos fármacos.

Aplicaciones

* Esclerosis lateral amiotrófica, asma, parálisis de Bell, dificultades para respirar, cáncer.
* Síndrome de Ménière.
* Ataxia cerebral, síndrome de fatiga crónica, enfermedad crónica de obstrucción pulmonar.
* Sordera, disminución de la motilidad de los espermatozoides (astenozoospermia idiopática), gingivitis, caída del cabello (alopecia por quimioterapia).
* Palpitaciones irregulares del corazón, hepatitis B, colesterol alto, enfermedad corea de Huntington, enfermedad del sistema inmunológico, infertilidad.
* Insomnio, insuficiencia renal, inflamación de las piernas (edema), longevidad, enfermedad hepática o agrandamiento del hígado.
* En los enfermos de Alzheimer la unión de la coenzima Q10 con el hierro y la vitamina B6 puede minimizar los síntomas de demencia y retrasar de forma progresiva la pérdida de memoria.
* Cáncer de pulmón, enfermedad del pulmón, degeneración macular, síndrome de Melas, diabetes melllitus y sordera de herencia materna.
* Prolapso de la válvula mitral, nutrición parenteral, obesidad, síndrome Papillon-Lefevre, enfermedad de Parkinson.
* Bajo rendimiento físico, prevención del daño muscular causado por las drogas "estatinas" que reducen el colesterol, trastornos psiquiátricos.

- Reducción de los intervalos QT, disminución de los efectos secundarios de la droga fenotiazina, disminución de los efectos secundarios de los antidepresivos tricíclicos, úlcera estomacal.

Contraindicaciones

- Puede disminuir la eficacia del anticoagulante warfarina.
- Puede disminuir la eficacia de doxorubicina, un medicamento empleado para las enfermedades del corazón.
- No la use si está embarazada o amamantando.
- La Q10 puede bajar los niveles de azúcar en la sangre.
- En una ocasión hubo un bajo recuento de plaquetas en la sangre, aunque pudiera ser debido a otras causas.
- La Q10 puede reducir la presión arterial.
- Se recomienda precaución en las personas con enfermedades hepáticas o que toman medicamentos que pueden causar daño al hígado.
- En teoría, la Q10 puede alterar los niveles de las hormonas en la tiroides y los efectos de las drogas para la tiroides como la levotiroxina (Synthroid®), aunque esto no se ha probado en humanos.

G6PD

La glucosa-6-fosfato deshidrogenasa (G6PD) es una enzima presente en los glóbulos rojos y cuya deficiencia ocasiona un cuadro de anemia de tipo hemolítica. La enzima G6PD cumple funciones protectoras de los glóbulos rojos, encargados de transportar el oxígeno en todo el organismo, al impedir la acumulación excesiva de diversos agentes oxidantes capaces de dañarlos. Cuando una persona con déficit de G6PD ingiere agentes oxidantes como medicamentos con aspirinas, sulfonamidas, antimaláricos, nitrofurantoína, análogos de la vitamina K; alimentos como las habas, tóxicos como la naftalina e incluso en cuadros de tipo infeccioso y febril, los glóbulos rojos sufren una alteración en su forma para finalmente destruirse al circular por el organismo. La consecuencia final es un cuadro de anemia hemolítica, es decir, anemia por destrucción de los glóbulos rojos circulantes en el torrente sanguíneo.

Es una enfermedad de tipo hereditaria que se transmite siguiendo un patrón de tipo recesivo ligado al cromosoma X; predomina en hombres, especialmente de raza negra, aunque algunas mujeres pueden padecerlo. También es más frecuente observarla en personas de origen mediterráneo como italianos, árabes, judíos sefarditas y griegos. Las madres son portadoras del trastorno en el cromosoma X, el cual lo transmiten a sus hijos, pero generalmente no padecen la enfermedad.

La enfermedad es variable entre los diferentes grupos tornándose más leve en los individuos de raza negra. Las manifestaciones clínicas aparecen habitualmente durante las primeras semanas de vida debido a los bajos niveles de otros agentes antioxidantes, como la vitamina E, capaces de compensar el déficit de G6PD. En otros casos se trata de personas sin ninguna manifestación clínica hasta tener contacto con agentes oxidantes y el consecuente desarrollo de una anemia hemolítica.

Pasadas 48 horas de la ingesta del producto desencadenante, aparece el cuadro de anemia con malestar general, fatiga, palidez generalizada, taquicardia y dificultad respiratoria. La orina se torna de color oscuro por degradación de la hemoglobina de los glóbulos rojos y la piel puede tomar una coloración amarillenta. Esta primera fase de crisis dura aproximadamente 8 a 10 días y en forma espontánea y paulatina se normaliza el color de la orina y la piel. De persistir la exposición al producto oxidante, la destrucción de los glóbulos rojos se torna severa con consecuencias fatales en algunos casos.

Las medidas terapéuticas consisten fundamentalmente en el alivio de los síntomas y el tratamiento de las complicaciones que se presenten dependiendo de la magnitud del cuadro.

Lo más importante es corregir la causa, tratar la infección o suprimir el producto desencadenante. En algunos casos, y sobre todo en los casos severos, es necesario realizar transfusiones de sangre. Es de vital importancia que las personas con déficit de G6PD eviten el contacto con los factores desencadenantes del cuadro, sobre todo si se trata de alimentos o medicamentos.

En los recién nacidos se realiza un análisis bioquímico en las primeras horas de vida denominado Tamiz Neonatal Ampliado.

El mismo permite detectar precozmente diferentes patologías, entre ellas el déficit de G6PD, permitiendo actuar en consecuencia a modo de evitar precozmente secuelas de severidad.

Glutatión reducido

El glutatión reducido (GSH) es un tripéptido (ácido glutámico, cisteína, glicina) que se encuentra presente en elevadas concentraciones dentro del eritrocito. Su función fundamental es proteger a la célula contra la acción de agentes oxidantes endógenos y exógenos, así como mantener la estabilidad de la membrana. También participa en el mantenimiento de la estructura de la hemoglobina, en la síntesis de proteínas en los reticulocitos, así como preserva la integridad de algunas enzimas y proteínas de la membrana. En lo que respecta al sistema inmune, algunas funciones de las células T pueden ser potenciadas en vivo mediante la administración de GSH.

El glutatión es liberado por el hígado al plasma sanguíneo y a la bilis. El glutatión plasmático es usado por muchos tejidos (p.ej. riñón, pulmón, cerebro); sin embargo el glutatión en sí mismo no es significativamente transportado a la mayoría de las células de estos tejidos, sino que es descompuesto por las g-glutamil transpeptidasa y dipeptidasa insertas en la membrana, y los productos de la descomposición son transportados y utilizados para la síntesis de glutatión. Los niveles de glutatión intracelular pueden ser incrementados mediante la administración de ésteres de glutatión, los cuales (en contraste con el glutatión) son bien transportados al interior de muchos tipos de células y divididos para formar glutatión.

El glutatión protege a los túbulos renales frente a una injuria hipóxica y puede atenuar el efecto del ácido málico sobre la función de los túbulos renales que ocurre por inhibición de la bomba sodio-potasio.

El glutatión reducido tiene un importante rol en el acoplamiento de la secreción de insulina inducida por la glucosa; su disminución produce una menor secreción de insulina por las células de Langerhans del páncreas. La glucosa favorece el incremento del glutatión reducido favoreciendo la liberación de insulina, en cambio, la administración de insulina disminuye los niveles de glutatión reducido. La administración exógena de glutatión reducido puede favorecer la secreción de insulina, cuando la elevación de la hormona inducida por la glucosa favorezca una reducción de glutatión reducido.

La deficiencia de GSH produce un cuadro de anemia hemolítica de intensidad variable.

Se emplea para la prevención y tratamiento de las cataratas, hepatopatías en general, eficaz antioxidante, tratamiento del cáncer y energético muscular.

NADH (Deshidrogenasa)

5-nicotinamida adenina dinucleótido

EL NADH (5-nicotinamida adenina dinucleótido), derivado del ácido nicotínico (vitamina del grupo B), es una sustancia natural presente en todos los organismos vivos a la que también se conoce como coenzima I. Ha llegado a atribuirse su presencia en más de un millar de funciones bioquímicas, además de estar considerado el antioxidante más eficaz conocido.

Propiedades

Aumentar la producción de energía celular (cada molécula de NADH produce 3 moléculas de ATP). Intervenir en la regulación celular y reparación del ADN.

Potenciar el sistema inmunitario (aumenta de forma especialmente notable la Interleukina-6). Es un potentísimo antioxidante. Actúa regenerando los antioxidantes naturales de nuestro organismo. Estimula la biosíntesis de la dopamina, la adrenalina y la noradrenalina. Tiene un efecto positivo sobre las funciones

fisiológicas como la fuerza, el movimiento, la coordinación, el estado de alerta, las funciones cognitivas, el
estado anímico, el deseo sexual y la secreción de la
hormona de crecimiento. Protege contra los efectos dañinos del alcohol (el
NADH interviene en la enzima alcohol deshidrogena-
sa, presente en la metabolización del alcohol). Protege contra la toxicidad del Azatimidina (AZT),
fármaco que se usa en enfermos de Sida. El NADH
ayuda a minimizar los efectos negativos provocados
por el AZT, como son la debilitación de las células
musculares, la alteración funcional de las mitocondrias y la reducción de la producción y actividad de la
NADH citocromo C reductasa.

En resumen, una de sus principales funciones es
la producción de energía en la célula. Y es que cuanto más NADH libre haya en la célula, mayor energía
puede producir ésta. Conviene saber, sin embargo, que
aunque existe NADH en todos los alimentos éste se
destruye al cocerlos o freírlos. Es más, incluso al ingerir alimentos crudos su nivel de absorción es bajo
debido a que el ácido estomacal lo degrada.

De ahí que la manera de asegurarse de que la incor-
poramos a nuestro organismo sea tomarla en forma de
pellest (microglóbulos gastrorresistentes).

Procedencia

El NADH parece ser una molécula químicamente inestable que se descompone rápidamente. Por este motivo, se han desarrollado técnicas para estabilizar el NADH que se vende en comprimidos. En la actualidad, se desconoce cuáles de los productos de NADH comercialmente disponibles son los más eficaces.

En estudios de investigación se han usado 10 mg al día, tomados sólo con agua y con el estómago vacío.

Aplicaciones

*   La mejora atlética (al aumentar el transporte de oxígeno a los tejidos, disminuir el tiempo de reacción y mejorar la agudeza mental y la capacidad de alerta). El NADH aumenta la energía atravesando la membrana celular y alcanzando el citoplasma de la célula dando como resultado un aumento de energía en forma de ATP.

*   Al incrementar la producción de ATP en la célula y estimular la biosíntesis de dopamina permite combatir las alteraciones funcionales del cerebro y la somnolencia provocada por el jet-lag (alteración del reloj interno por cambios bruscos de horario).

*   Personas tratadas con NADH obtuvieron muy buenos resultados en pruebas o exámenes cognitivos, en la mejora del estado de ánimo y en disminuir la somnolencia.

- Potencia la memoria (está constatado que el aumento de dopamina, adrenalina y noradrenalina incrementan las funciones cognitivas).
- Posee un efecto antienvejecimiento. Debido a su potente acción antioxidante y a su intervención para reparar el ADN, una mayor cantidad de NADH protege frente a enfermedades degenerativas como la arteriosclerosis, el cáncer, la diabetes y las enfermedades autoinmunes, entre otras.
- Síndrome de fatiga crónica (SFC).
- Depresión.
- Parkinson.
- Alzheimer.

Superóxido dismutasa (SOD)

Tal vez el componente más crítico de nuestro cuerpo que es susceptible al ataque de los radicales libres es el propio plano de nuestra existencia genética: el ácido desoxirribonucléico. Se estima que los radicales libres atacan al ADN aproximadamente 100.000 veces por célula cada día.

Una de las enzimas antioxidantes más importante es la superóxido dismutasa o SOD. La SOD es verdaderamente el mecanismo maestro de defensa de las células para atrapar a los radicales libres y prevenir las enfermedades.

La superóxido dismutasa ha provocado un gran interés por parte de los investigadores médicos desde su descubrimiento en 1968.

Primero se utilizó en forma inyectable para tratar la artritis en adultos y problemas respiratorios en los infantes y para servir como una terapia coadyuvante en el tratamiento del cáncer.

Una mutasa es un tipo de enzima que inicia la reorganización de los átomos en una molécula, y la función primaria de la SOD es convertir al radical libre superóxido (O2) en peróxido de hidrógeno, un radical libre menos dañino. Entre los radicales libres, el superóxido es el más poderoso y peligroso. Esto es debido a que su estructura química requiere 3 electrones para reequilibrarse. Cuando arrebata esos 3 electrones de otras moléculas, se crea un desequilibrio aún mayor que cuando hay un desequilibrio convencional producido por un solo electrón. También tiende a reequilibrarse así mismo más rápidamente creando más superóxidos con el potencial de causar mucho más daño.

La especie de oxígeno reactivo (ROS) ha sido asociada con toda clase de enfermedades degenerativas, artritis, cáncer, la enfermedad de Alzheimer y la enfermedad de Parkinson. Además el superóxido, junto con el óxido nítrico, nos lleva a la generación de peroxinitrito, el cual es principalmente responsable de la muerte de las células. Debido a que el superóxido es tan potencialmente dañino, la SOD existe en 2 formas en la célula: en las mitocondrias, las cuales son las estructuras productoras de energía de la célula, en donde la SOD está presente como una enzima que contiene manganeso; y en el citoplasma de la célula, donde el cobre y el zinc son los metales principales encontrados en la estructura de la SOD. La presencia de la SOD en ambos lugares, en la mitocondria y el citoplasma, asegura que mucho del superóxido sea convertido en peróxido de hidrógeno.

Mientras en el pasado se usaron fuentes bovinas para obtener SOD inyectable hoy tenemos la SOD/gliadina: la primera fuente oralmente accesible y vegetariana de la SOD y un avance revolucionario en el desarrollo nutraceútico.

Aplicaciones

Artritis

Varios estudios apoyan la idea de que los radicales libres contribuyen al daño en las articulaciones encontrado en la artritis. Al reducir los niveles de radicales libres, la SOD puede retrasar el desarrollo y el progreso de la *artritis*.

Un estudio describe el proceso mecánico de cómo se producen los radicales libres en las articulaciones en la artritis. Las articulaciones sanas se mueven libremente y obtienen el flujo de la circulación adecuada. Pero en la artritis, la presión de la cavidad articular se eleva por la inflamación, hasta tal punto que el movimiento normal puede realmente colapsar a los capilares y a otros vasos sanguíneos pequeños. Esto nos lleva a una lesión llamada hipoxia o sea una falta de oxígeno en el tejido. La investigación ha demostrado que la hipoxia induce la producción de radicales libres ROS. Esta producción de radicales libres adicionales a su vez estimula una respuesta inmunológica, exacerbando y repitiendo el daño. La SOD puede reducir ambos parámetros. En pocas palabras, la SOD produce alivio a largo plazo en la artritis.

Asma

Aunque no se conocen las causas exactas del *asma*, la investigación ha sugerido que ciertos radicales libres ROS, incluyendo el superóxido, pueden dañar al tejido pulmonar y llevarnos a problemas asmáticos. Además, la ROS exacerba los síntomas del asma y el daño acumulativo del tejido causado por los radicales libres ROS puede llevarnos a que empeore. Los estudios han demostrado que cuando las células en la superficie de la mucosa de los pulmones y los bronquios se inflama por irritantes tales como el humo del cigarro o alguna enfermedad, tienden a aumentar la producción de radicales libres ROS. La sobre producción de radicales libres ROS está relacionada con algunos de los síntomas más dramáticos del asma, tales como la constricción bronquial y la inflamación de las vías aéreas.

Un estudio hace algunos años sugiere que la SOD complementaria puede contrarrestar el daño tisular relacionado con el peróxido y al final prevenir enfermedades pulmonares crónicas y otros problemas relacionados con la deficiencia respiratoria tales como el asma. La mayoría de los estudios clínicos generalmente encuentran que los signos del estrés oxidativo -incluyendo la producción de radicales libres ROS y sus efectos perjudiciales- son más altos en las personas con asma que sin asma.

En un estudio que se publicó en American Journal of Respiratory and Critical Care, se examinaron 44 personas desde sanos hasta severamente asmáticos, para determinar su grado de estrés oxidativo. Los investigadores midieron la cantidad de cierta sustancia que indica los niveles altos de estrés oxidativo y encontraron que mientras el asma es peor, el marcador de estrés oxidativo también es más alto.

Esto sugiere que la actividad más alta de los radicales libres está asociada con asma severa y además los antioxidantes como la SOD pueden ayudar a aliviar algunos de los síntomas del asma.

En un estudio publicado en *The Lancet*, los investigadores encontraron que inmediatamente después de un ataque de asma, los niveles de la SOD en el paciente asmático estaban significativamente más bajos que en los individuos de control. La fuerte relación entre los niveles más bajos de la SOD y la actividad de los síntomas del asma en estos pacientes sugiere que la SOD podría ser una defensa de primera línea contra los ataques del asma y que al restaurar los niveles de la SOD se podría proteger al tejido pulmonar del daño oxidativo.

El objetivo de un estudio publicado en Free Radical Biology and Medicine fue demostrar que los niveles de la SOD podrían ser un indicador fuerte de la inflamación que caracteriza al asma. Después de estudiar a 21 pacientes asmáticos y de 17 controles, los investigadores encontraron que no solamente había niveles más bajos de la SOD en los asmáticos sino también un incremento de ROS en sus pulmones, lo que contribuyó a niveles aumentados de daño en el epitelio de los pulmones.

En otro estudio clínico se examinaron 25 pacientes y se encontró que los pacientes asmáticos tenían niveles más bajos de la SOD que los individuos sanos. Esto implica que los niveles inferiores de la SOD realmente pueden contribuir a causar asma.

En otro investigación reciente se demostró que los monocitos en los pacientes asmáticos liberan más superóxido que aquellos en los individuos de control, aumentando de esta manera la probabilidad de un daño tisular.

Cáncer
Una de las principales causas del cáncer es la genética. Eso no significa que si uno de nuestros padres tuvo

cáncer, estamos condenados a sufrirlo, aunque tendremos mayor riesgo que si no tuviéramos una historia familiar de cáncer. Al decir que la causa del cáncer es la genética, significa que la malignidad se origina por un gen. Una vez que un gen que normalmente es responsable de producir células sanas, muta y empieza a producir células enfermas, denominándose oncogen. Ese gen dañado estimula el crecimiento rápido e incontrolado de células cancerosas. Otra clase de genes llamados genes supresores de tumor se dedica a prevenir crecimientos malignos en el cuerpo. La tarea de estos genes es detener la reproducción de estas células con estructuras de ADN anormales. Pero si los genes supresores de tumor se dañan por los radicales libres, puede que sean incapaces de detener el crecimiento celular irregular, lo cual puede entonces dejar a nuestro cuerpo indefenso.

La SOD puede inhibir la metástasis, retrasar el crecimiento tumoral y prevenir el daño celular inicial que puede llevarnos al cáncer. Además, la SOD puede ayudar a proteger y reparar el tejido sano que es dañado por los tratamientos de quimioterapia y radioterapia.

Algunos estudios han demostrado que la SOD no solamente inhibe la propagación de los tumores sino que, además, cuando se combina con la quimioterapia la hace más efectiva. Por otro lado, la evidencia muestra que la SOD reduce la efectividad de ciertas sustancias químicas que son responsables de la reproducción de los genes dañados que pueden llevarnos a la generación de células malignas.

Inclusive una sola exposición a la radiación UV puede causar una disminución importante en la SOD antioxidante hasta por 72 horas después de dicha exposición. Un estudio clínico asegura que la SOD no sólo puede prevenir el cáncer de la piel y otras enfermedades dermatológicas, sino que puede realmente aumentar la capacidad del cuerpo para producir más SOD.

En un estudio clínico de pacientes con cáncer tratados con radiación se demostró que la SOD ayuda a aliviar -y a veces hasta revertir- la fibrosis inducida por la radiación. Lo mismo se demostró en otro estudio con relación a la quimioterapia.

En nuestras investigaciones hemos logrado constatar que los niveles inferiores de la SOD están asociados con tumores agresivos y metales tóxicos.

La SOD es una de las defensas importantes preliminares contra la invasión y la propagación del cáncer en los leucocitos y mejora las acciones de otros medicamentos anticancerosos.

Algunos ensayos clínicos sugieren una relación directa entre los niveles de la SOD y la incidencia de cáncer.

10 CAPÍTULO

Terapias diversas

Reemplazo enzimático

Es un tratamiento médico que reemplaza una enzima deficiente o ausente en el organismo y que generalmente, se realiza mediante la administración al paciente de una infusión intravenosa (IV) de una solución que contiene la enzima. La TRE está disponible para algunas enfermedades como la enfermedad de Gaucher (enfermedad hereditaria que se caracteriza por la acumulación de grasas en el hígado, bazo, huesos y otros órganos), enfermedad de Fabry (una rara enfermedad genética que forma parte de un grupo de dolencias conocido como trastornos de almacenamiento lisosómico,síndrome de Hunter (afección genética grave), y enfermedad de Pompe (error congénito del metabolismo del glucógeno). Esta terapia no corrige el defecto genético subyacente, sino que aumenta la concentración de la enzima que le falta al paciente. Y por ello se ha utilizado para tratar a pacientes con inmunodeficiencia combinada grave.

Otras opciones de tratamiento para pacientes con deficiencias enzimáticas o proteicas incluyen la terapia de reducción de sustratos, la terapia génica y el trasplante de células madre derivadas de la médula ósea. Aunque inicialmente, las TRE se fabricaban aislando la enzima terapéutica de la placenta humana. En la actualidad se emplean de células, animales (por ejemplo, células de ovario de hámster chino o células y vegetales).

Los lisosomas son orgánulos celulares responsables del metabolismo de diversas macromoléculas y proteínas. Utilizádose enzimas para descomponer macromoléculas, que se reciclan o eliminan. En 2012, existían 50 enfermedades de almacenamiento lisosomal, y aún se están descubriendo más. Estos trastornos surgen debido a mutaciones genéticas que impiden la producción de ciertas enzimas utilizadas en los lisosomas. La enzima faltante suele provocar una acumulación de sustrato en el organismo lo que puede provocar diversos síntomas, muchos de los cuales son graves y pueden afectar el esqueleto, el cerebro, la piel, el corazón y el sistema nervioso central. Se ha demostrado que aumentar la concentración de la enzima faltante en el organismo mejora los procesos metabólicos celulares normales y reduce la concentración de sustrato.

También ha tenido éxito en el tratamiento de la inmunodeficiencia combinada grave causada por una deficiencia de adenosina deaminasa, una enfermedad infantil mortal que requiere atención médica temprana. Cuando la enzima adenosina desaminasa es deficiente en el organismo, se produce una acumulación tóxica de metabolitos que afectan el desarrollo y la función de los linfocitos. Muchos niños con deficiencia de ADA y SCID han recibido tratamiento con la enzima adenosina desaminasa conjugada con polietilenglicol que ha resultado en vidas más saludables y prolongadas.

La TRE se administra mediante infusión intravenosa, normalmente semanalmente o quincenalmente. Para algunos tipos de TRE, estas infusiones pueden ocurrir con una frecuencia tan baja como cada cuatro semanas.

Pero no cura las enfermedades de depósito lisosomal y requiere infusiones intravenosas de la enzima terapéutica de por vida. Además, este procedimiento es costoso y en Estados Unidos, puede costar más de $200,000 al año. La distribución de la enzima terapéutica en el cuerpo (biodistribución) después de estas infusiones intravenosas no es uniforme y la enzima está menos disponible para ciertas áreas del cuerpo, como los huesos, los pulmones y el cerebro. Por esta razón, muchos síntomas de las enfermedades de depósito lisosomal no se tratan con TRE, especialmente los síntomas neurológicos. Además, la eficacia de la TRE a menudo se reduce debido a una respuesta inmunitaria no deseada contra la enzima, lo que impide la función metabólica

Enzimas para el pelo

Para el alisado capilar se utiliza ácido tánico extraído del árbol de acacia negra, en combinación con enzimas frutales evitando utilizar formaldehído o queratina. El efecto dura hasta 6 meses, aunque para prolongar la duración se recomienda el uso del champú de argán.

Enzimas para la piel

La terapia enzimática para aplicación local en la piel que utiliza enzimas vegetales para exfoliar las células muertas de la piel, promover la cicatrización y la generación de nuevas células. La terapia enzimática también estimula la producción de los aminoácidos prolina, glicina y lisina para mejorar la producción de colágeno.

Normalmente, bastan seis sesiones para obtener excelentes resultados. Durante cada tratamiento de 45 minutos, se aplican enzimas en rostro, cuello y hombros (de axila a axila) que posteriormente se activan en la cabina, y esto ayuda a la piel a desarrollar sus propias enzimas naturales, brindándole resultados más duraderos. Esto es posible mediante un proceso llamado "ósmosis inversa", que ayuda a eliminar las toxinas de la piel, al mismo tiempo que estimula la circulación sanguínea, aportando oxígeno fresco al área y mejorando el drenaje linfático, para una función óptima de la piel. Estos tratamientos también se emplean para corregir diversas afecciones, como el acné, los signos de la edad, la piel dañada o hipersensible, el daño solar, la psoriasis, el eccema y la rosácea, reeducando la piel para que funcione de forma óptima.

Como resultado se logra:

- **Piel iluminada:** gracias a las enzimas que actúan en el rostro, se bombea sangre fresca, oxígeno y nutrientes a la zona, lo que le da a la piel una tez más brillante e hidratada.
- **Desintoxicación:** un componente crucial de la terapia enzimática es su conexión con el sistema linfático para estimular la desintoxicación. Esto ayuda a eliminar las células muertas y las toxinas acumuladas, dejándola más fresca y limpia que nunca.
- **Una barrera cutánea más fuerte:** la terapia enzimática fortalece los músculos faciales y la composición estructural de la piel, produciendo una barrera cutánea más fuerte (que contribuye a la salud general) para ayudar a garantizar un entorno saludable para sus células.
- **Tensado de la piel:** como parte del efecto de la terapia enzimática, se mejora la producción de

colágeno. El colágeno desempeña un papel importante en el tono y la estructura de la piel, y ayuda a reducir los primeros signos del envejecimiento.

Normalmente se añaden:

Beta-glucano

El betaglucano posee potentes propiedades antioxidantes y neutralizadoras de radicales libres. Estimula directamente el sistema inmunitario de la piel activando los glóbulos blancos, que combaten los invasores en la dermis. Una vez activados, liberan una serie de compuestos que estimulan a los fibroblastos a producir colágeno y elastina.

Vitamina C (ácido etil ascórbico)

Una forma estable de vitamina C promueve la síntesis de colágeno y es un excelente iluminador de la piel.

Quelpo

El alga marina es una de las mejores fuentes vegetales de minerales, vitaminas y aminoácidos esenciales.

Pantenol

Pantheon es un humectante que penetra profundamente, restaura la función barrera de la piel y favorece la reparación de los tejidos vitales.

Además, posee propiedades antimicrobianas cruciales para controlar el crecimiento bacteriano y reequilibrar la producción de grasa.

Hexapéptido 11

El hexapéptido 11 ayuda a regular genes clave responsables de la producción de colágeno y de componentes importantes de la matriz extracelular, como el ácido hialurónico. Aumenta el oxígeno celular y el flujo sanguíneo, mejora la producción de colágeno y contribuye a mejorar la elasticidad de la piel.

11
CAPÍTULO

Otras enzimas

Uroquinasa

Es un medicamento capaz de destruir los coágulos sanguíneos estimulando en la sangre el paso de plasminógeno a plasmina, la cual rompe el mayor constituyente de los coágulos sanguíneos (la fibrina) disolviendo el coágulo una vez que han realizado su tarea de parar el sangrado.

La producción extra de plasmina provocada por la uroquinasa es capaz de romper los coágulos no deseados, como los producidos en los pulmones (embolismo pulmonar). Se debe administrar por vía intravenosa, tan pronto como sea posible, después de la formación del coágulo.

Aplicaciones habituales:
- Oclusión de una vena o arteria por un trombo de reciente formación.
- Embolia pulmonar.
- Obstrucción por un coágulo de un catéter arterial o venoso.
- Hemorragias intraoculares.
- Infarto de miocardio.
- Derrame pleural o empiema pleural (presencia de líquido o pus en el tejido que recubre el pulmón).

Desoxirribonucleasa

La desoxirribonucleasa I es una enzima secretada principalmente por el páncreas, conocida también como desoxirribonucleasa pancreática. Su función principal es degradar el ADN presente en el tracto digestivo como parte del proceso de digestión.

La desoxirribonucleasa humana recombinante (DNasa hr) se utiliza actualmente para tratar enfermedades pulmonares (la causa principal de morbilidad y mortalidad) en la fibrosis quística. la desoxirribonucleasa humana recombinante (DNasa rh) es un tratamiento que se utiliza para tratar la fibrosis quística, comportándose como un mucolítico que ayuda a reducir la viscosidad del esputo y a mejorar la función pulmonar.

Esta enzima que normalmente se encuentra en todos los tejidos del organismo, regula el metabolismo de los ácidos nucleicos, tanto en su hidrólisis como en su síntesis. Se ha demostrado que durante los procesos inflamatorios, infecciosos, cancerosos e incluso en el envejecimiento, se modifica su concentración y/o su actividad.

Indicaciones terapéuticas

Procesos inflamatorios, virales, bacterianos y tumorales.

L-Asparaginasa

La asparaginasa es un inhibidor enzimático de la síntesis proteica, que hidroliza la asparragina a amonio y ácido aspártico, produciendo su depleción.

Las células normales pueden obtener la asparagina de forma exógena y endógena a partir del enzima asparagina sintetasa.

Es un medicamento que se usa para tratar la leucemia linfoblástica aguda (LLA) y que está en estudio para el tratamiento de algunos otros tipos de cáncer. Es una enzima que se toma de la bacteria Escherichia coli (E. coli).

Descompone el aminoácido asparagina y puede impedir la formación de las células tumorales que necesitan asparagina para crecer. También se llama asparaginasa y Elspar.

Índice